GÉOGRAPHIE
MÉTHODIQUE
APPLIQUÉE A L'HISTOIRE,

PAR

M. MARTY (Aristide-Auguste),

MAÎTRE DE LANGUES ET PROFESSEUR D'HISTOIRE

Exactitude et Vérité.

NOUVELLE ÉDITION

Première Partie.

Prix 3 francs 50 centimes.

PARIS,

CHEZ LES LIBRAIRES ASSOCIÉS.

1832.

GÉOGRAPHIE

MÉTHODIQUE

APPLIQUÉE A L'HISTOIRE,

PAR

M. MARTY (Aristide-Auguste),

MAÎTRE DE LANGUES ET PROFESSEUR D'HISTOIRE.

Exactitude et Vérité.

NOUVELLE ÉDITION.

PARIS,

CHEZ LES LIBRAIRES ASSOCIÉS.

1832.

Ayant rempli toutes les formalités voulues par la loi , je regarderai comme contrefait tout exemplaire qui ne sera pas revêtu de ma signature, et poursuivrai les contrefacteurs.

A LA MEILLEURE DES MÈRES,

Gage d'amour filial.

A MON FRÈRE,

MON MEILLEUR AMI.

A Madame VIGNARD, ma marraine,

Et à Messieurs

FAURE, de Villefranche ;

LALLEMAND, Docteur et Professeur en Médecine,
Député;

BOILEAU , Colonel, Directeur du Parc d'Artillerie
de Paris,

Témoignage de respect et de reconnaissance.

A la Baronne DE CORNEILLAN :

L'amitié m'a offert chez elle toutes les sollicitudes
de la tendresse d'une sœur.

A ceux qui m'ont donné des preuves d'amitié,

Messieurs,

REYNAL, de Milhau;

LOPEZ, Capitaine au Corps Royal d'Etat-Major;

MIQUEL-LOBIGNES, de Villefranche;

DASSIER, Docteur en Médecine;

DE CHIC DE ROQUAING, Avocat.

—————

A MES PARENS:

Leur bienveillance et leur amitié ont encouragé mes premiers essais.

—————

En mettant ici le nom de tous ceux qui me sont chers, je satisfais à l'un des plus pressans besoins de mon cœur; ma démarche est peut-être téméraire; mais dans la suite mon application soutenue, pourra leur offrir un plus brillant témoignage d'amitié, de respect et de reconnaissance.

MARTY (Aristide-Auguste.)

AVERTISSEMENT.

LA Géographie est une des sciences qui se perfectionnent tous les jours; elle devient aujourd'hui nécessaire au commerce, indispensable aux militaires, agréable à l'homme du monde; long-temps abandonnée aux savans, puis tombée dans l'oubli, elle semble maintenant vouloir briller parmi nous. Déjà plusieurs auteurs nous ont donné d'excellens ouvrages sur cette partie, mais aucun d'eux n'a écrit pour des commençans; cette considération nous a fait entreprendre un travail qui jusqu'ici ne nous a offert que d'heureux résultats. Les sollicitations pressantes d'hommes marquans par leurs talens, et les expériences déjà faites sur la bonté de notre méthode, nous ont décidé à la livrer au public; nous n'osons pas nous flatter de l'avoir mise dans un état de perfection qui ne devait et ne pouvait être notre ouvrage, nous nous sommes seulement proposé de rendre l'étude de la Géographie plus brève et plus agréable.

L'usage des cartes est la manière la plus sûre et la plus prompte pour étudier avec fruit la Géographie; cette image, parlant aux yeux, grave dans notre esprit les objets qu'elle représente. Pénétrés de cette idée, nos élèves n'apprennent jamais la description d'une ville, l'historique d'un lieu quelconque, sans le montrer sur la carte; de même que nous ne séparons pas les démonstrations de nos leçons, nous allions toujours l'Histoire à la Géographie. Cette méthode dissipe l'ennui produit par la monotonie de la Géographie proprement dite; ces deux branches désormais doivent être inséparables ; comment parler d'un fait, sans s'occuper du théâtre sur lequel il s'est passé ? Comment s'occuper de ce théâtre, et rejeter les scènes qui s'y sont développées, qui fort souvent sont une des principales causes de sa célérité? Le célèbre Malte-Brun, notre guide et notre maître, expliquait ainsi la réunion de ces deux branches : l'une, disait-il, règne sur tous les siècles, l'autre embrasse tous les lieux ; l'une ressuscite les générations passées, l'autre, en retraçant à la pensée cet éternel théâtre de nos courtes misères, fixe dans une image immobile le tableau mouvant de l'histoire.

M. Masson de Morvilliers, l'un des collaborateurs de l'Encyclopédie, pensait à peu-près de même, ce qui lui fait dire que l'absence de l'une arrête la marche de l'autre.

Plusieurs savans, tels que le comte de Lascases, Mentelle, et avant eux le célèbre Dom Vaissette, ont aussi opéré la jonction de l'Histoire et de la Géographie; espérons que demeurant toujours unies, nous les verrons fleurir avec gloire; elles sont toutes deux de la plus grande utilité; car si l'une est la description du monde, l'autre est la carte de la vie humaine.

Nous allons maintenant donner le plan de notre ouvrage.

Il est divisé en trois parties, subdivisées en plusieurs chapitres : la première renferme, sous le titre de Notions préliminaires, les définitions des principales inégalités qui existent à la surface du globe ; un aperçu sur les traits primitifs de l'Europe, et son accroissement par la civilisation ; sa division, les divers noms des mers qui la baignent, et des montagnes qu'elle renferme; passant aux définitions des divers États qui la composent, nous donnons, sur chacun d'eux, un aperçu de leurs mœurs, de leurs forces politiques et de leur gouvernement ; viennent ensuite les divisions, leur accroissement, leurs subdivisions; mais nous faisons observer que l'astérisque qui les précède, invite à remettre l'étude de ces articles à une seconde revue de l'ouvrage. A la suite des subdivisions, nous donnons un résumé de l'histoire des royaumes de l'Europe : il serait possible de faire marcher de front l'histoire des divisions; l'on devrait surtout à de jeunes enfans entremêler toujours l'agréable utile, à l'abstrait nécessaire. Considérant que l'étude de l'homme, comme être organique et moral, est une des prinpales branches de la Géographie, nous donnons un résumé de l'homme physique et politique; ce dernier chapitre contient des aperçus sur les langues, les religions, les gouvernemens, la société, les degrés de civilisation, et enfin, sur l'influence de la navigation, relativement à la civilisation humaine : telles sont les matières qui composent notre première partie.

Dans la seconde, que nous publierons incessamment, nous comprendrons la Géographie physique : elle sera suivie des divisions des autres États contenus dans les deux continens; chacun de ces Etats sera précédé d'un aperçu physique et historique; leurs subdivisions seront semblables à la première partie ; la Géographie astronomique la terminera. On sera peut-être étonné que nous n'ayons pas commencé notre ouvrage par ce dernier chapitre ; nous avons cru devoir apprendre à nos élèves des faits plus à la portée de leur intelligence ; car les conjectures de la Géographie astronomique nécessitent, pour l'approfondir, un jugement exercé.

Dans la troisième partie, nous donnerons des résumés sur l'histoire générale du monde, sur la littérature, les sciences, les beaux-arts et les découvertes des navigateurs depuis leur origine jusqu'à aujourd'hui ; nous traiterons en grand la topographie générale de la terre : c'est cette partie qui sera des plus utiles pour les élèves du commerce ; elle sera terminée par un résumé sur l'histoire de cette utile branche de la société.

Ainsi nous croyons remplir la tâche que nous nous sommes donnée. Avant de terminer cet avertissement, nous devons faire observer aux pères et aux maîtres, que si nous n'avons pas adopté l'ancien usage des demandes et réponses, c'est afin que nos élèves puissent répondre à toute espèce de questions; il est de la plus grande utilité de leur en faire souvent, en ayant soin de ne pas toujours leur répéter les mêmes.

Nous avons renfermé dans le cadre que nous venons de décrire , un corps d'instruction suffisant aux élèves qui ne pourraient consacrer un laps de temps considérable à l'étude de cette science, en même temps qu'il peut servir de cannevas à la jeunesse studieuse, curieuse de l'approfondir en recherchant de plus amples notions dans les ouvrages de Vaissette, de Lenglet-Dufresnoy, Malte-Brun , Guthrie, de Lascases, Mentelle et de Vienot de Vaublanc, que nous avons nous-mêmes consultés.

Puisse la méthode que nous indiquons, fruit de nos veilles et de plusieurs années d'étude , être exercée avec l'avantage que nous avons obtenu jusqu'ici! puissent nos jeunes élèves faire utiliser leur connaissance à la gloire de leur patrie! alors', dans la satisfaction intérieure de notre âme , nous nous dirons : Les premiers nous avons développé en eux les bases de la science, et ce témoignage secret de notre conscience sera la plus précieuse récompense de nos travaux.

NOTIONS PRÉLIMINAIRES.

LA Géographie est la description de la terre. Les différens points de vue sous lesquels on peut considérer le globe terrestre, ont donné lieu de diviser la Géographie en trois branches principales : la Cosmographie ou Géographie mathématique, qui traite des rapports de la terre avec le reste de l'univers ; la Géographie physique, qui traite de la configuration du globe, divisé en terre et en eaux, et environné de l'atmosphère ; la Géographie politique ou civile, qui, considérant la terre comme demeure des hommes, enseigne quelles divisions ils y ont établies, quelles villes ils y ont fondées.

Le globe terrestre ou sphère est une boule sur laquelle sont tracées les principales divisions de la terre ; l'eau couvre une grande partie de sa surface.

Pour indiquer la position relative des différens lieux de la terre, on a imaginé quatre points cardinaux, (c'est-à-dire, principaux) ; ce sont : le nord, le sud, l'est et l'ouest. L'est est le point où le soleil se lève. L'ouest est le point où le soleil se couche ; il est opposé à l'est. Le nord est le point intermédiaire entre l'est et l'ouest. Le sud est le point opposé au nord. Sur les cartes ordinaires, l'est est à droite, l'ouest à gauche, le nord en haut, et le sud en bas. L'est s'appelle aussi levant ou orient, l'ouest couchant ou occident, le nord septentrion, et le sud midi.

Les inégalités qui existent relativement à la terre et à l'eau, leur font donner différens noms ;

SAVOIR.

TERRE.	EAU.
ON nomme continent une grande portion de terre qui n'est pas séparée	ON donne le nom d'océan ou de mer à la vaste étendue d'eau salée

par des mers. Il y a deux continens, l'ancien et le nouveau ; l'ancien, ainsi appelé parce qu'il a été le berceau du genre humain , contient trois parties distinctes : l'Europe, l'Asie et l'Afrique; le nouveau, ainsi nommé parce qu'il n'a été découvert que depuis quelques siècles, comprend l'Amérique, qui se divise en deux parties, que l'on désigne sous les noms de septentrionale et méridionale; au sud-est de l'ancien continent, s'élève la Nouvelle-Hollande, que divers géographes ont qualifiée sous le nom de continens ; d'autres , sous celui de monde maritime; nous la considérerons comme la cinquième partie de notre globe, sous le nom d'Océanie.

Une île est une portion de terre entièrement entourée d'eau · on nomme archipel un groupe d'îles considérables.

Une presqu'île est un espace de terre entourée d'eau , à l'exception d'un côté qui tient au continent.

Une isthme est une langue de terre qui unit deux parties d'un même continent, ou une presqu'île à la terre ferme.

Un cap ou promontoire est une pointe de terre élevée qui s'avance dans la mer. Une pointe est une portion de terre qui s'avance dans la mer.

Une montagne ou un mont est une grande masse de terre ou de roche qui s'élève sur la surface du globe ; les pentes en sont rapides.

On nomme colline une montagne peu élevée.

On nomme sommet la partie la plus élevée d'un montagne.

On nomme versans les pentes des montagnes par où s'écoulent les eaux.

qui occupe la plus grande partie du globe terrestre. On nomme mers extérieures celles qui sont hors des terres, et mers intérieures celles qui y sont enclavées. L'Océan forme cinq mers extérieures ; savoir : l'Océan atlantique, entre l'Europe, l'Afrique et l'Amérique; le Grand-Océan, entre l'Asie et l'Amérique ; l'Océan indien , entre l'Afrique, l'Asie et la Nouvelle-Hollande ; l'Océan glacial du nord et l'Océan glacial du sud, que l'on nomme également mers glaciales ; nous parlerons des mers intérieures en étudiant séparément les différentes parties du globe.

Un lac est une étendue d'eau entourée de terre de tous côtés ; l'étang est un petit lac.

Un golfe ou une baie est une quantité d'eau de la mer qui entre dans un pays, et s'y arrête sans perdre communication avec la mer.

Un détroit ou bosphore est un bras de mer resserré entre deux terres; en général , c'est la communication de deux mers.

Un port, un havre, sont des lieux qui offrent un abri aux navires. Une rade est un endroit propre à jeter l'ancre, et où les vaisseaux sont à l'abri du vent.

Une rivière est une eau de source qui coule toujours jusqu'à ce qu'elle se jette dans une autre rivière; lorsqu'elle se jette dans la mer, on l'appelle fleuve.

Un ruisseau est un courant d'eau fort petit.

Une source est l'endroit où le fleuve ou la rivière , sortent de terre.

On nomme confluent la réunion de deux rivières.

On entend par base d'un montagne, le pied visible de la montagne; une chaîne est une suite de montagnes dont la base se touche.

On nomme plateau une grande masse de terre élevée, formant ordinairement le noyau des continens ou des îles; leurs pentes sont longues et étendues.

Un volcan est une montagne qui lance du feu; l'ouverture par laquelle sortent les matières enflammées d'un volcan, s'appelle cratère.

Une côte est une partie de terre qui est baignée par la mer; c'est encore le penchant d'une montagne ou d'une colline.

Les vallées sont des enfoncemens entre plusieurs montagnes ; on donne le nom de vallon à des écartemens moins marqués.

On donne le nom de plaine à une étendue de terrain en culture dans un lieu plat.

L'embouchure est l'endroit où le fleuve ou la rivière se jette dans la mer ; un canal est le lit d'un fleuve ou d'une rivière , creusé par la main des hommes.

Un torrent est un espèce de lit de rivière par où les pluies et les neiges fondues s'écoulent avec impétuosité.

On appelle cataracte l'endroit où un fleuve , arrêté par des rochers , se précipite avec fracas.

On appelle rive le bord des rivières ; la rive droite et la rive gauche d'un fleuve, se prennent en allant de sa source à son embouchure.

Une fontaine est une eau de source retenue dans un réservoir, et qui s'élève peu ; on nomme citerne un réservoir d'eau de pluie.

Un marais est un grand espace de terrain dont le sol est imbibé d'une eau boueuse.

Plusieurs termes propres à la Géographie n'étant que d'une application locale, seront définis dans la suite, à mesure que nous les emploîrons.

PRINCIPALES DIVISIONS

GÉOGRAPHIE

MÉTHODIQUE

APPLIQUÉE A L'HISTOIRE.

Première Partie.

EUROPE.

LA nature n'a donné à l'Europe ni les dimensions imposantes de l'Asie et de l'Amérique, ni la masse compacte de l'Afrique. Simple appendice du vaste continent asiatique, notre péninsule toute entière n'offrirait pas un bassin assez large au Nil, au Kiang, à l'Amazone ; nos montagnes les plus imposantes n'égalent ni en élévation, ni en étendue, les Cordillères ou l'Himalaya ; toutes nos landes, nos dunes réunies, n'augmenteraient pas sensiblement les immenses mers de sable de l'Afrique, et nos archipels ne seraient remarquables ni par la beauté, ni par la grandeur, parmi les labyrinthes maritimes de l'Océanie. Les productions des trois règnes offrent en Europe peu d'originalité, et en général peu d'éclat, peu de majesté. Nos mines n'abondent pas en or, et le diamant ne se mêle point parmi nos cailloux. Nous ne pouvons nommer que quinze à vingt espèces de quadrupèdes qui nous appartiennent exclusivement, encore sont-ce de petits animaux de peu d'apparence, tels que des rats et des chauve-souris. Notre industrie a singulièrement perfectionné quelques races animales, telles que le cheval, le bœuf, le mouton et le chien ; mais nos meilleures productions naturelles semblent, en grande partie, avoir été importées des autres parties du monde. Le ver à soie nous est arrivé de l'Inde ; la laine fine, de la Mauritanie ; le pêcher , de la Perse ; l'oranger , de la Chine ; la patate , de l'Amérique : nous ne sommes riches que d'emprunt et de pillage.

Mais , telle est la puissance de l'esprit humain , cette région indigente , âpre et sauvage , que la nature n'avait ornée que de forêts , n'avait enrichie que de fer , s'est complétement métamorphosée par une civilisation d'environ 4000 ans , civilisation interrompue plus d'une fois , mais toujours renaissante sous la main de peuples non moins industrieux que belliqueux. La science cherche en vain à y distinguer les bienfaits de l'art des produits indigènes ; la culture en a changé jusqu'au climat ; la navigation y a apporté les végétaux de toutes les zones : cette Europe , où le castor bâtissait en paix ses digues et ses cabanes au bord des fleuves solitaires , s'est peuplée d'empires puissans , s'est couverte de moissons et de palais ; cette médiocre péninsule est devenue la métropole du genre humain et la législatrice de l'univers. Il est juste de dire que deux circonstances qui ont dû contribuer puissamment à sa supériorité sur le reste du globe , consistent dans l'heureuse température de son climat , dont aucune partie n'est sous la zone torride , et dans la grande variété de sa surface. L'expérience a fait suffisamment connaître l'effet qu'un climat modéré produit sur les animaux et sur les plantes. Le grand nombre de montagnes , de rivières , de mers , etc. qui séparent les différens pays de l'Europe , est encore un avantage pour ses habitans. Ces limites naturelles mettent un frein aux progrès des conquêtes et du despotisme , qui se sont répandus si rapidement dans les immenses plaines de l'Afrique et de l'Asie ; et tandis que les montagnes excitent l'industrie et l'invention des hommes , les mers et les rivières entretiennent une humidité utile à la végétation , et facilitent encore les relations et le commerce entre les différentes nations. L'Europe est présente dans toutes les parties du monde ; un continent entier n'est peuplé que de nos colonies ; la Barbarie , les déserts , les feux du soleil , ne soustrairont pas long-temps l'Afrique à nos actives entreprises ; l'Océanie semble appeler nos arts et nos lois ; l'énorme masse de l'Asie est presque traversée par nos conquêtes ; bientôt l'Inde britannique et la Russie asiatique se toucheront , et l'immense , mais faible empire de la Chine , ne saurait résister à notre influence , s'il échappe à nos armes. L'Océan tout entier est le domaine exclusif des Européens ou des colons de l'Europe : tandis que même les nations les plus policées des autres parties du monde n'osent s'éloigner de leurs rivages , nos hardis navigateurs suivent d'un pôle à l'autre les routes que leur traça du fond de son cabinet d'Anville , un de nos géographes. Seuls , nous soumettons à nos volontés les forces même les plus redoutables de la nature ; la foudre de la terre est entre les mains de nos guerriers , et celle du ciel tombe enchaînée aux pieds de nos savans. Nous essayons même la conquête de l'atmosphère , et si nous ne foulons pas encore sous nos pieds les nuages comme les ondes , si nous ne pouvons dégager nos corps des liens qui l'attachent à cette planète , du moins notre pensée , libre et immortelle , embrasse l'immensité de l'espace et l'immensité des siècles. L'arbre de la science est notre patrimoine , et seuls nous possédons tant les moyens de le conserver à jamais , que le secret d'en perfectionner les fruits.

L'Europe se divise en quatorze parties principales , dont quatre au nord , six au milieu et quatre au sud. Les quatre au nord sont : 1.º les îles britanniques , capitale Londres , comprenant l'Angleterre , l'Ecosse et l'Irlande. 2.º Le royaume de Danemarck , capitale Copenhague. 3.º Le royaume de Suède , comprenant la Norwège , capitale Christiania , et la Suède , capitale Stockholm. 4.º La Russie , capitale Saint-Pétersbourg. Les six au milieu sont : 1.º la France , capitale Paris. 2.º Les Pays-Bas , comprenant la Belgique , capitale Bruxelles , et la Hollande , capitale Amsterdam. 3.º La Suisse , ville principale Berne. 4.º La Prusse , capitale Berlin. 5.º L'Autriche , capitale Vienne. 6.º L'Allemagne , villes principales Hambourg , Munich , Dresde , Francfort sur le Mein , Stuttgard et Hanovre. Les quatre parties situées au sud sont : 1.º le Portugal , capitale Lisbonne. 2.º L'Espagne , capitale Madrid. 3.º L'Italie, capitale Rome. 4.º La Turquie, capitale Constantinople.

Les mers et les golfes nombreux qui baignent la péninsule européenne , sont un des traits caractéristiques de notre partie du monde ; ces grandes masses d'eau , interposées parmi les terres , manquent à l'Asie , à l'Afrique , à la Nouvelle-Hollande , et même à la majeure partie de l'Amérique ; elles influent sur la température , qu'elles rendent humide et variable ; sur le commerce , dont elles multiplient les communications , et sur la liberté des nations , auxquelles , conjointement avec les chaînes de montagnes , elles offrent des remparts naturels trop souvent négligés.

Les mers de l'Europe sont : l'Océan atlantique, situé entre l'Europe , l'Afrique et l'Amérique , et tire son nom du mont Atlas en Afrique. On le nomme aussi Océan occidental. On lui donne encore des noms particuliers , selon les différens pays qu'il baigne. On l'appelle baie de Biscaye , le long des côtes septentrionales d'Espagne ; golfe de Gascogne , le long d'une partie des côtes occidentales de France ; mer d'Irlande ou canal Saint-Georges , entre l'Irlande et l'Angleterre ; la Manche , à cause de sa forme , entre la France et l'Angleterre ; l'Océan septentrional ou mer du nord , entre la Norwège et le Groënland. On nomme mer d'Allemagne , la partie méridionale de la mer du nord ; cette mer s'étend depuis les îles de Schetlan jusqu'au détroit de Calais , et des côtes d'Angleterre jusqu'à l'entrée du Skager-Rack. La mer Glaciale , le long des côtes septentrionales de l'Europe et de l'Asie : elle forme auprès d'Archangel , dans la Russie d'Europe , un golfe que l'on nomme mer Blanche.

La mer Baltique , ou simplement la Baltique , entre le Danemarck , l'Allemagne , la Prusse , la Pologne , la Russie et la Suède ; elle forme trois golfes , le golfe de Bothnie , le golfe de Finlande , et celui de Riga ou de Livonie.

La mer Méditerranée , ou simplement la Méditerranée , ainsi appelée , parce qu'elle est située au milieu des terres , communique avec l'Océan atlantique par le détroit de Gibraltar. Cette mer , grande série de mers intérieures , que leur situation , leur caractère physique et leur célébrité historique rendent également intéressantes , se divise en cinq mers principales , non compris la Méditerranée proprement dite. La mer Adriatique ou le golfe de Venise , entre l'Italie , le royaume d'Illyrie et la Turquie d'Europe , dont le fond , examiné avec soin , a paru n'offrir qu'un lit de marbre , de chaux et de coquillages. La mer d'Azof ou de Zabache , autrefois nommée Palus-Méotide : elle communique avec la mer Noire par le détroit de Caffa , qu'on nommait autrefois Bosphore Cimmérien. La mer Noire , autrefois nommée Pont-Euxin : on l'appelle mer noire , parce qu'elle est orageuse ; elle communique avec la mer de Marmara par le détroit de Constantinople , qu'on nommait autrefois Bosphore de Thrace. La mer de Marmara , autrefois nommée Propontide : elle communique avec l'Archipel par le détroit de Gallipoli ou des Dardanelles , qu'on nommait autrefois l'Hellespont. L'Archipel , autrefois nommé mer Egée , parsemé d'îles célèbres. Nous considérons encore la mer Caspienne comme baignant l'Europe ; mais comme les deux tiers de la circonférence de cette mer appartiennent à l'Asie , nous ne la décrirons que dans cette partie du monde.

Les mers que nous venons de parcourir sont d'une haute importance pour les Européens : au nord , elles nous séparent des terres
glaciales du pôle-nord ; au midi , elles nous garantissent des cha-
leurs de l'Afrique : partout elles ouvrent un accès au commerce ,
à la navigation ; elles nous rendent voisins de toutes les parties
du monde, en même temps qu'elles fournissent une quantité de
poissons suffisante pour nourrir la cinquième partie de la population européenne.

Il y a cinq grands systèmes de montagnes particulières à
l'Europe : 1.° les Pyrénées , 2.° les Alpes , 3.° les montagnes
de la Turquie d'Europe , 4.° les Carpathes , 5.° les Dofrines.

Le système des Pyrénées embrasse toutes les montagnes de
la péninsule espagnole. L'énorme et sourcilleuse chaîne qui , sous
le nom de Pyrénées , sépare la France de l'Espagne, est comme
la mère de ce système. Elle s'élève , dans certains endroits , jusqu'à
plus de mille sept cent cinquante toises au-dessus du niveau de
la mer. Sa pente est en général moins rapide vers la France ,
et beaucoup plus brusque du côté de l'Espagne ; deux chemins
de communication serpentent à ses extrémités, près de Bayonne
et vers les rives de la Méditerranée ; la merveilleuse brèche
de Rolland décore son centre ; des eaux minérales sont à ses
pieds, du côté de la France ; d'immenses lacs gémissent prison-
niers dans ses flancs élevés , et sa crête demeure couronnée d'une
neige éternelle. Voilà l'esquisse de ce gigantesque massif. Toutes
les autres grandes chaînes de l'intérieur de l'Espagne suivent à
peu-près la même direction que les Pyrénées , et déterminent
ainsi deux grands écoulemens à l'est et à l'ouest. Les Pyrénées
renferment beaucoup de richesses métalliques, mais elles demeu-
rent sans exploitation.

Le système des Alpes est des cinq masses européennes , la
plus imposante et la plus formidable. Elle embrasse les montagnes à la gauche du Rhin et au sud du Danube ; elle comprend
toutes celles d'Italie et celles de France jusqu'aux extrémités de
l'Auvergne. La Suisse, ce plateau le plus élevé de l'Europe, qui
semble être formé par des montagnes entassées sur des montagnes ,
est le noyau de ce vaste système. Les Vosges , le Jura, les
Apennins , les Cévennes , le Mont-d'Or , sont ses dépendances.
La chaîne des Alpes proprement dite , qui , partant des environs
de Nice , se courbe au nord de l'Italie jusque vers Trieste ,
domine en vraie souveraine sur le reste de son système : c'est

dans cette position qu'on rencontre les tableaux les plus gigantesques, les horreurs les plus sublimes, les glaciers les plus immenses, les monts les plus élevés ; c'est là qu'on trouve le Mont-Cénis, les Saint-Bernards, le Mont-Rosa, le Symplon, le Saint-Gothard, et au milieu de tous ces géans, un autre vrai géant pour eux-mêmes, le Mont-Blanc, le point le plus élevé de notre Europe, dont la hauteur diffère très-peu du célèbre Chimborazo, le pic dominateur de la terre connue. La chaîne des Alpes plonge rapidement du côté de l'Italie, et s'abaisse avec facilité par échelons sur les revers opposés. Ce système donne naissance aux plus grands fleuves de l'Europe ; il est le moins riche en métaux ; ils s'y trouvent tous, mais en petite quantité.

Les montagnes de la Turquie d'Europe, ces ramifications classiques de la grande péninsule Grecque, le berceau et l'asile des muses, le théâtre des temps héroïques, et le séjour des dieux mêmes, ne sont plus aujourd'hui que le repaire des brigands, ou la demeure de vrais barbares. Une ignorance brutale et féroce en défend les approches, et rebute les voyageurs les plus intrépides ; aussi la faible lumière qui perce au travers des écrits incertains ou des fables mensongères des anciens, combinées avec le peu d'observations que les modernes ont pu dérober, forment jusqu'à présent toute la somme de nos connaissances sur ce système, qui promet beaucoup de métaux, et laisse encore plus désirer à la science. Le noyau de ce système se trouve à peu-près vers le milieu de la péninsule turque, d'où partent trois branches principales : l'une se rend à l'est, l'autre, longeant l'ouest, se rend vers le nord, et la troisième se dirige vers le sud.

Les Carpathes occupant le milieu de l'Europe, forment le système le plus étendu en largeur, et le moindre en élévation ; ils embrassent toutes les montagnes qui se trouvent entre le Niester et le Bug, le Danube, le Rhin et la Baltique. Ils sont composés de plusieurs massifs très-distincts, séparés par des abaissemens considérables. Les sommités du système carpathien déterminent quatre pentes principales bien distinctes, qui suivent à peu-près la direction de quatre points cardinaux. La pente nord de ce système étant très-peu sensible, les rivières qui en découlent ont un cours très-lent, et les terrains environnans sont souvent remplis de lacs et de marais. Ce système est le plus riche de l'Europe ; il offre tous les métaux avec profusion ; cependant l'or abonde plus particulièrement sur les revers méridionaux ; à l'opposite, l'on rencontre les mines de sel les plus riches que l'on connaisse ; l'étain se trouve à l'ouest, et l'argent et le cuivre semblent s'être réservés le nord-ouest.

Les Dofrines dessinent toute la longueur de la presqu'île Scandinave ; elles n'ont pas beaucoup d'or ni d'argent, mais elles semblent être jusqu'ici le dépôt le plus abondant et le plus parfait en fer et en cuivre.

———

Nous ne donnerons la nomenclature des lacs, caps, fleuves, rivières, détroits, golfes, etc., qu'après la divison des royaumes de l'Europe. Comment, en effet, apprendre à nos élèves qu'un tel cap, qu'une telle rivière se trouvent dans tel ou tel pays, lorsqu'ils ne connaissent point encore le royaume qui les renferment ?

FRANCE.

APERÇU GÉNÉRAL. — DIVISION. — RÉUNIONS. — SUBDIVISION. —
ÉTAT POLITIQUE. — HISTORIQUE.

NOBLE dispensatrice des palmes de la gloire, asile du goût
et des beaux-arts, la France exerce sur l'univers intellectuel une
influence semblable à celle qu'avait jadis la Grèce sur le monde
civilisé. Sa langue, répandue dans toutes les contrées, est celle
des cours et de la diplomatie; sa littérature est chez toutes les
nations l'aliment des esprits éclairés. Dans les travaux scienti-
fiques, elle a peu de rivales, et, couverte de lauriers toujours
verts, elle a plus d'une fois dicté des lois à l'Europe effrayée
de sa suprématie militaire. Celui qui d'un œil philosophique mesure
la profondeur de certaines questions qui font de la géographie
une science nouvelle, quelle cause assignera-t-il à ces grands
caractères par lesquels une nation se distingue de tant d'autres
nations voisines? donnera-t-il à l'influence du climat plus d'importance qu'elle n'en a? Mais le climat de la France n'offre
point ces limites extrêmes de froid et de chaleur qui peuvent
agir sur la constitution physique et morale de l'habitant;
cherchera-t-il dans les inégalités du sol cette cause qui paraît
être insaisissable? Mais il n'y verra ni ces vastes plaines, ni
ces hautes chaînes de montagne qui déterminent l'homme à
devenir agriculteur ou pasteur, et qui influent si puissamment
sur le degré de civilisation qui lui est propre. Contraint d'abandonner les conjectures tirées du climat et du sol, il aura recours
aux connaissances physiques et ethnographiques, dans cette ques-
tion qui doit jeter de l'intérêt sur la description d'une contrée
dont les lumières ont contribué à éclairer l'Europe, à affranchir
le Nouveau-Monde, et dont les commotions politiques ont ébranlé
des empires.

On partageait autrefois la France en trente-deux gouvernemens ou provinces; elle se divise actuellement en quatre-vingt-six
départemens.

Tableau comparatif de la France, en gouvernemens et départemens.

La province de la Flandre forme le département du Nord, dont le chef-lieu est Lille.

La province de l'Artois forme le département du Pas-de-Calais, chef-lieu Arras.

La province de la Picardie forme le département de la Somme, chef-lieu Amiens.

La province de la Normandie forme cinq départemens, qui sont : le département de la Seine-Inférieure, chef-lieu Rouen ; le département du Calvados, chef-lieu Caen ; le département de la Manche, chef-lieu Saint-Lô ; le département de l'Orne, chef-lieu Alençon ; le département de l'Eure, chef-lieu Evreux.

La province de l'Ile-de-France forme cinq départemens, qui sont : le département de l'Oise, chef-lieu Beauvais ; le département de Seine et Oise, chef-lieu Versailles ; le département de la Seine, chef-lieu Paris ; le département de Seine et Marne, chef-lieu Melun ; le département de l'Aisne, chef-lieu Laon.

La province de la Champagne forme quatre départemens, savoir : le département des Ardennes, chef-lieu Mézières ; le département de la Marne, chef-lieu Châlons ; le département de l'Aube, chef-lieu Troyes ; le département de la Haute-Marne, chef-lieu Chaumont.

La province de la Lorraine forme quatre départemens, savoir : le département de la Meuse, chef-lieu Bar-le-Duc ; le département de la Moselle, chef-lieu Metz ; le département de la Meurthe, chef-lieu Nancy ; le département des Vosges, chef-lieu Epinal.

La province de l'Alsace forme deux départemens, qui sont : le département du Bas-Rhin, chef-lieu Strasbourg ; le département du Haut-Rhin, chef-lieu Colmar.

La province de la Franche-Comté forme trois départemens, qui sont : le département de la Haute-Saône, chef-lieu Vesoul ; le département du Doubs, chef-lieu Besançon ; le département du Jura, chef-lieu Lons-le-Saulnier.

La province de la Bourgogne forme quatre départemens, savoir : le département de l'Ain, chef-lieu Bourg ; le département de Saône et Loire, chef-lieu Mâcon ; le département de la Côte-d'Or, chef-lieu Dijon ; le département de l'Yonne, chef-lieu Auxerre.

La province du Nivernais forme le département de la Nièvre, chef-lieu Nevers.

La province de l'Orléanais forme trois départemens, savoir : le département du Loiret, chef-lieu Orléans ; le département d'Eure et Loir, chef-lieu Chartres ; le département de Loir et Cher, chef-lieu Blois.

La province de la Touraine forme le département d'Indre et Loire, chef-lieu Tours.

La province de l'Anjou forme le département de Maine et Loire, chef-lieu Angers.

La province du Maine forme deux départemens, qui sont : le département de la Sarthe, chef-lieu le Mans ; le département de Mayenne, chef-lieu Laval.

La province de la Bretagne forme cinq départemens, qui sont : le département d'Ille et Villaine, chef-lieu Rennes ; le département des Côtes-du-Nord, chef-lieu Saint-Brieuc ; le département du Finistère, chef-lieu Quimper ; le département du Morbihan, chef-lieu Vannes ; le département de la Loire-Inférieure, chef-lieu Nantes.

La province du Poitou forme trois départemens, savoir : le département de la Vendée, chef-lieu Bourbon-Vendée ; le département des Deux-Sèvres, chef-lieu Niort ; le département de la Vienne, chef-lieu Poitiers

La province de l'Angoumois forme le département de la Charente, chef-lieu Angoulême.

La province de la Saintonge forme le département de la Charente-Inférieure, chef-lieu La Rochelle.

La province de la Guienne et Gascogne forme neuf départemens, savoir : les départemens de la Gironde, chef-lieu Bordeaux ; des Landes, chef-lieu Mont-de-Marsan ; des Hautes-Pyrénées, chef-lieu Tarbes ; du Gers, chef-lieu Auch ; de Tarn et Garonne, chef-lieu Montauban ; de Lot et Garonne, chef-lieu Agen ; de la Dordogne, chef-lieu Périgueux ; du Lot, chef-lieu Cahors ; de l'Aveyron, chef-lieu Rodez.

La province de l'Auvergne forme deux départemens, qui sont : le département du Cantal, chef-lieu Aurillac ; le département du Puy-de-Dôme, chef-lieu Clermont.

La province du Limousin forme deux départemens, qui sont : le département de la Corrèze, chef-lieu Tulle ; le département de la Haute-Vienne, chef-lieu Limoges.

La province de la Marche forme le département de la Creuse, chef-lieu Guéret.

La province du Berry forme deux départemens, savoir : le département de l'Indre, chef-lieu Châteauroux ; le département du Cher, chef-lieu Bourges.

La province du Bourbonnais forme le département de l'Allier, chef-lieu Moulins.

La province du Lyonnais forme deux départemens, savoir : le département de la Loire, chef-lieu Montbrison ; le département du Rhône, chef-lieu Lyon.

La province du Dauphiné forme trois départemens, qui sont : le département de l'Isère, chef-lieu Grenoble ; le département de la Drôme, chef-lieu Valence ; le département des Hautes-Alpes, chef-lieu Gap.

La province de la Provence forme trois départemens, qui sont : le département des Basses-Alpes, chef-lieu Digne ; le département du Var, chef-lieu Draguignan ; le département des Bouches-du-Rhône, chef-lieu Marseille.

La province du Roussillon forme le département des Pyrénées-Orientales, chef-lieu Perpignan.

La province du comté de Foix forme le département de l'Ariège, chef-lieu Foix.

La province du Languedoc forme huit départemens, savoir : les départemens de la Haute-Garonne, chef-lieu Toulouse ; du Tarn, chef-lieu Albi ; de l'Aude, chef-lieu Carcassonne ; de l'Hérault, chef-lieu Montpellier ; du Gard, chef-lieu Nîmes ; de la Lozère, chef-lieu Mende ; de l'Ardèche, chef-lieu Privas ; de la Haute-Loire, chef-lieu le Puy.

La province du Béarn forme le département des Basses-Pyrénées, chef-lieu Pau.

L'île de Corse forme le département de la Corse, chef-lieu Ajaccio.

Le comtat d'Avignon forme le département de Vaucluse, chef-lieu Avignon.

Ces provinces ne furent pas en tout temps réunies à la couronne de France. Le domaine originaire sous Hugues Capet, se composait de la Picardie, de l'Ile-de-France et de l'Orléanais. Le Berry fut réuni, par achat, sous Philippe I.ᵉʳ ; la Touraine, par confiscation, la Normandie, par confiscation et conquête, sous Philippe-Auguste ; le Languedoc, par héritage, sous Philippe-le-

Hardi ; la Champagne, par mariage, le Lyonnais , par acquisition, sous Philippe-le-Bel; le Dauphiné , par donation, sous Philippe de Valois ; le Poitou, la Saintonge, l'Angoumois et le Limousin, par conquête, sous Charles V ; la Guienne et Gascogne, par conquête, sous Charles VII; la Provence, l'Anjou, le Maine, par héritage, la Bourgogne, par réversion, sous Louis XI ; la Bretagne, par mariage et traité, la Marche, le Bourbonnais et l'Auvergne, par confiscation, sous François I.ᵉʳ ; le Béarn, une partie de la Gascogne et le comté de Foix, étaient le patrimoine d'Henri IV ; il fut réuni à la France à son avénement au trône ; l'Artois et le Roussillon, par conquête, sous Louis XIII ; la Flandre, la Franche-Comté et l'Alsace, par conquête, le Nivernais, par l'extinction du système féodal, sous Louis XIV ; la Lorraine et l'île de Corse, par cession, sous Louis XV. (L'île de Corse ne faisait pas partie des trente-deux gouvernemens provinciaux.) Le comtat Venaissin et le comtat d'Avignon ont été cédés par le gouvernement papal, en 1791.

Chaque département se subdivise en sous-préfectures ou arrondissemens communaux, les arrondissemens en cantons, et les cantons en communes.

* Tableau des *Arrondissemens* compris dans chaque Département.

Le département de l'Ain forme cinq arrondissemens, qui sont : ceux de Bourg, préfecture; de Belley, Gex, Nantua, Trévoux, sous-préfectures.

Le département de l'Aisne forme cinq arrondissemens, qui sont : ceux de Laon, préfecture; de Château-Thierry, Saint-Quentin, Soissons, Vervins, sous-préfectures.

Le département de l'Allier forme quatre arrondissemens, qui sont : ceux de Moulins, préfecture; de Gannat, La Palisse, Mont-Luçon, sous-préfectures.

Le département des Basses-Alpes forme cinq arrondissemens, qui sont : ceux de Digne, préfecture ; de Barcelonnette, Castellanne, Forcalquier, Sisteron, sous-préfectures.

Le département des Hautes-Alpes forme trois arrondissemens, qui sont : ceux de Gap, préfecture ; de Briançon, Embrun, sous-préfectures.

Le département de l'Ardèche forme trois arrondissemens, qui

sont : ceux de Privas, préfecture ; de l'Argentière, Tournon, sous-préfectures.

Le département des Ardennes forme cinq arrondissemens, qui sont : ceux de Mézières, préfecture ; de Rhétel, Rocroy, Sedan, Vouziers, sous-préfectures.

Le département de l'Ariège forme trois arrondissemens, qui sont : ceux de Foix, préfecture ; de Pamiers, Saint-Girons, sous-préfectures.

Le département de l'Aube forme cinq arrondissemens, qui sont : ceux de Troyes, préfecture ; d'Arcis-sur-Aube, Bar-sur-Aube, Bar-sur-Seine, Nogent-sur-Seine, sous-préfectures,

Le département de l'Aude forme quatre arrondissemens, qui sont : ceux de Carcassonne, préfecture ; de Narbonne, Castelnaudary, Limoux, sous-préfectures.

Le département de l'Aveyron forme cinq arrondissemens, qui sont : ceux de Rodez, préfecture ; de Villefranche, Milhau, Espalion, Saint-Afrique, sous-préfectures.

Le département des Bouches-du-Rhône forme trois arrondissemens, qui sont : ceux de Marseille, préfecture ; d'Aix, Arles, sous-préfectures.

Le département du Calvados forme six arrondissemens, qui sont : ceux de Caen, préfecture ; de Bayeux, Falaise, Lizieux, Pont-l'Evêque, Vire, sous-préfectures.

Le département du Cantal forme quatre arrondissemens, qui sont : ceux d'Aurillac, préfecture ; de Mauriac, Murat, Saint-Flour, sous-préfectures.

Le département de la Charente forme cinq arrondissemens, qui sont : ceux d'Angoulême, préfecture ; de Barbezieux, Cognac, Confolens, Ruffec, sous-préfectures.

Le département de la Charente-Inférieure forme six arrondissemens, qui sont : ceux de La Rochelle, préfecture ; de Jonzac, Marennes, Rochefort, Saintes, Saint-Jean-d'Angély, sous-préfectures.

Le département du Cher forme trois arrondissemens, qui sont : ceux de Bourges, préfecture ; de Saint-Amand, Sancerre, sous-préfectures.

Le département de la Corrèze forme trois arrondissemens, qui sont : ceux de Tulle, préfecture ; de Brives, Ussel, sous-préfectures.

Le département de la Corse forme cinq arrondissemens, qui

sont : ceux d'Ajaccio, préfecture; de Bastia, Calvi, Corté, Sar-
tène , sous-préfectures.

Le département de la Côte-d'Or forme quatre arrondissemens ,
qui sont : ceux de Dijon, préfecture ; de Beaune, Châtillon-sur-
Seine , Sémur , sous-préfectures.

Le département des Côtes-du-Nord forme cinq arrondissemens, qui sont : ceux de Saint-Brieuc, préfecture; de Dinan ,
Guingamp , Lanion , Loudéac , sous-préfectures.

Le département de la Creuse forme quatre arrondissemens,
qui sont : ceux de Guéret, préfecture; d'Aubusson , Bourganeuf,
Boussac , sous-préfectures.

Le département de la Dordogne forme cinq arrondissemens ,
qui sont : ceux de Périgueux, préfecture; de Bergerac, Nontron ,
Riberac , Sarlat , sous-préfectures.

Le département du Doubs forme quatre arrondissemens ,
qui sont : ceux de Besançon , préfecture; de Beaume, Pontarlier ,
Montbelliard , sous-préfectures.

Le département de la Drôme forme quatre arrondissemens ,
qui sont : ceux de Valence, préfecture ; de Die, Montélimar ,
Nions , sous-préfectures.

Le département de l'Eure forme cinq arrondissemens , qui
sont : ceux d'Evreux, préfecture ; d'Andelys, Bernay, Louviers ,
Pont-Audemer , sous-préfectures.

Le département d'Eure et Loir forme quatre arrondissemens,
qui sont : ceux de Chartres, préfecture ; de Châteaudun , Dreux ,
Nogent-le-Rotrou , sous-préfectures.

Le département du Finistère forme cinq arrondissemens , qui
sont : ceux de Quimper, préfecture ; de Brest, Châteaulin , Mor-
laix, Quimperlé, sous-préfectures.

Le département du Gard forme quatre arrondissemens , qui
sont : ceux de Nîmes, préfecture; d'Alais, Usez, le Vigan ,
sous-préfectures.

Le département de la Haute-Garonne forme quatre arrondissemens , qui sont : ceux de Toulouse, préfecture; de Muret ,
Saint-Gaudens , Villefranche , sous-préfectures.

Le département du Gers forme cinq arrondissemens , qui
sont : ceux d'Auch, préfecture; de Condom, Lectoure, Lombez,
Mirande, sous-préfectures.

Le département de la Gironde forme six arrondissemens , qui
sont : ceux de Bordeaux, préfecture ; de Bazas , Blaye, La
Réole, Lesparre, Libourne, sous-préfectures.

Le département de l'Hérault forme quatre arrondissemens, qui sont : ceux de Montpellier, préfecture ; de Béziers, Lodève, Saint-Pons, sous-préfectures.

Le département d'Ille et Villaine forme six arrondissemens, qui sont : ceux de Rennes, préfecture ; de Fougères, Montfort, Redon, Saint-Malo, Vitré, sous-préfectures.

Le département de l'Indre forme quatre arrondissemens, qui sont : ceux de Châteauroux, préfecture ; de Le Blanc, Issoudun, La Châtre, sous-préfectures.

Le département d'Indre et Loire forme trois arrondissemens, qui sont : ceux de Tours, préfecture ; de Chinon, Loches, sous-préfectures.

Le département de l'Isère forme quatre arrondissemens, qui sont : ceux de Grenoble, préfecture ; de La Tour-du-Pin, Saint-Marcellin, Vienne, sous-préfectures.

Le département du Jura forme quatre arrondissemens, qui sont : ceux de Lons-le-Saulnier, préfecture ; de Dôle, Poligny, Saint-Claude, sous-préfectures.

Le département des Landes forme trois arrondissemens, qui sont : ceux de Mont-de-Marsan, préfecture ; de Saint-Sever, Dax, sous-préfectures.

Le département de Loir et Cher forme trois arrondissemens, qui sont : ceux de Blois, préfecture ; de Romorantin, Vendôme, sous-préfectures.

Le département de la Loire forme trois arrondissemens, qui sont : ceux de Montbrison, préfecture ; de Roanne, Saint-Etienne, sous-préfectures.

Le département de la Haute-Loire forme trois arrondissemens, qui sont : ceux du Puy, préfecture ; de Brioude, Issengeaux, sous-préfectures.

Le département de la Loire-Inférieure forme cinq arrondissemens, qui sont : ceux de Nantes, préfecture ; de Châteaubriant, Ancenis, Paimbœuf, Savenay, sous-préfectures.

Le département du Loiret forme quatre arrondissemens, qui sont : ceux d'Orléans, préfecture ; de Gien, Montargis, Pithiviers, sous-préfectures.

Le département du Lot forme trois arrondissemens, qui sont : ceux de Cahors, préfecture ; de Figeac, Gourdon, sous-préfectures.

Le département de Lot et Garonne forme quatre arrondissemens, qui sont : ceux d'Agen, préfecture ; de Marmande, Nérac, Villeneuve d'Agen, sous-préfectures.

Le département de la Lozère forme trois arrondissemens, qui sont : ceux de Mende, préfecture ; de Florac, Marvejols, sous-préfectures.

Le département de Maine et Loire forme cinq arrondissemens, qui sont : ceux d'Angers, préfecture ; de Beaugé, Beaupréau, Saumur, Segré, sous-préfectures.

Le département de la Manche forme six arrondissemens, qui sont : ceux de Saint-Lô, préfecture ; d'Avranches, Cherbourg, Coutances, Mortain, Valognes, sous-préfectures.

Le département de la Marne forme cinq arrondissemens, qui sont : ceux de Châlons, préfecture ; de Reims, Epernay, Sainte-Ménehould, Vitry-le-Français, sous-préfectures.

Le département de la Haute-Marne forme trois arrondissemens, qui sont : ceux de Chaumont, préfecture ; de Langres, Vassy, sous-préfectures.

Le département de la Mayenne forme trois arrondissemens, qui sont : ceux de Laval, préfecture ; de Château-Gontier, Mayenne, sous-préfectures.

Le département de la Meurthe forme cinq arrondissemens, qui sont : ceux de Nancy, préfecture ; de Château-Salins, Lunéville, Sarrebourg, Toul, sous-préfectures.

Le département de la Meuse forme quatre arrondissemens, qui sont : ceux de Bar-le-Duc, préfecture ; de Commercy, Montmédy, Verdun, sous-préfectures.

Le département du Morbihan forme quatre arrondissemens, qui sont : ceux de Vannes, préfecture ; de Pontivy, Lorient, Ploërmel, sous-préfectures.

Le département de la Moselle forme quatre arrondissemens, qui sont : ceux de Metz, préfecture ; de Briey, Sarguemine, Thionville, sous-préfectures.

Le département de la Nièvre forme quatre arrondissemens, qui sont : ceux de Nevers, préfecture ; de Château-Chinon, Clamecy, Cosne, sous-préfectures.

Le département du Nord forme sept arrondissemens, qui sont : ceux de Lille, préfecture ; d'Avesne, Cambrai, Douai, Dunkerque, Hazebrouck, Valenciennes, sous-préfectures.

Le département de l'Oise forme quatre arrondissemens, qui sont : ceux de Beauvais, préfecture ; de Clermont, Compiègne, Senlis, sous-préfectures.

Le département de l'Orne forme quatre arrondissemens, qui sont : ceux d'Alençon, préfecture ; d'Argentan, Domfront, Mortagne, sous-préfectures.

Le département du Pas-de-Calais forme six arrondissemens, qui sont : ceux d'Arras, préfecture ; de Béthune, Boulogne, Montreuil, Saint-Omer, Saint-Pol, sous-préfectures.

Le département du Puy-de-Dôme forme cinq arrondissemens, qui sont : ceux de Clermont, préfecture ; d'Ambert, Issoire, Riom, Thiers, sous-préfectures.

Le département des Basses-Pyrénées forme cinq arrondissemens, qui sont : ceux de Pau, préfecture ; de Bayonne, Mauléon, Oléron, Orthès, sous-préfectures.

Le département des Hautes-Pyrénées forme trois arrondissemens, qui sont : ceux de Tarbes, préfecture ; d'Argelès, Bagnères, sous-préfectures.

Le département des Pyrénées-Orientales forme trois arrondissemens, qui sont : ceux de Perpignan, préfecture ; de Céret, Prades, sous-préfectures.

Le département du Bas-Rhin forme quatre arrondissemens, qui sont : ceux de Strasbourg, préfecture ; de Saverne, Schélestadt, Weissembourg, sous-préfectures.

Le département du Haut-Rhin forme trois arrondissemens, qui sont : ceux de Colmar, préfecture ; d'Altkirch, Belfort, sous-préfectures.

Le département du Rhône forme deux arrondissemens, qui sont : ceux de Lyon, préfecture ; de Villefranche, sous-préfecture.

Le département de la Haute-Saône forme trois arrondissemens, qui sont : ceux de Vesoul, préfecture ; de Gray, Lure, sous-préfectures.

Le département de Saône et Loire forme cinq arrondissemens, qui sont : ceux de Mâcon, préfecture ; d'Autun, Châlons, Charolles, Louhans, sous-préfectures.

Le département de la Sarthe forme quatre arrondissemens, qui sont : ceux de Le Mans, préfecture ; de La Flèche, Mamers, Saint-Calais, sous-préfectures.

Le département de la Seine forme trois arrondissemens, qui sont : ceux de Paris, préfecture ; de Saint-Denis, Sceaux, sous-préfectures.

Le département de Seine et Marne forme cinq arrondissesemens, qui sont : ceux de Melun, préfecture ; de Coulommiers, Fontainebleau, Meaux, Provins, sous-préfectures.

Le département de Seine et Oise forme six arrondissemens, qui sont : ceux de Versailles, préfecture ; de Corbeil, Etampes, Mantes, Pontoise, Rambouillet, sous-préfectures.

Le département de la Seine-Inférieure forme cinq arrondissemens, qui sont : ceux de Rouen, préfecture ; de Dieppe, le Hàvre, Neufchâtel, Yvetot, sous-préfectures.

Le département des Deux-Sèvres forme quatre arrondissemens, qui sont : ceux de Niort, préfecture ; de Bressuire, Melle, Parthenay, sous-préfectures.

Le département de la Somme forme cinq arrondissemens, qui sont : ceux d'Amiens, préfecture ; d'Abbeville, Doullens, Mont-Didier, Péronne, sous-préfectures.

Le département du Tarn forme quatre arrondissemens, qui sont : ceux d'Albi, préfecture ; de Castres, Gaillac, Lavaur, sous-préfectures.

Le département de Tarn et Garonne forme trois arrondissemens, qui sont : ceux de Montauban, préfecture ; de Castelsarrasin, Moissac, sous-préfectures.

Le département du Var forme quatre arrondissemens, qui sont : ceux de Draguignan, prefecture ; de Brignoles, Grasse, Toulon, sous-préfectures.

Le département de Vaucluse forme quatre arrondissemens, qui sont : ceux d'Avignon, préfecture ; d'Apt, Carpentras, Orange, sous-préfectures.

Le département de la Vendée forme trois arrondissemens, qui sont : ceux de Bourbon-Vendée, préfecture ; de Fontenay, les Sables d'Olonne, sous-préfectures.

Le département de la Vienne forme cinq arrondissemens, qui sont : ceux de Poitiers, préfecture ; de Châtellerault, Civray, Loudun, Montmorillon, sous-préfectures.

Le département de la Haute-Vienne forme quatre arrondissemens, qui sont : ceux de Limoges, préfecture ; de Bellac, Rochechouart, Saint-Yrieix, sous-préfectures.

Le département des Vosges forme cinq arrondissemens, qui sont : ceux d'Épinal, préfecture ; de Mirecourt, Neufchâteau, Remiremont, Saint-Dié, sous-préfectures.

Le département de l'Yonne forme cinq arrondissemens, qui sont : ceux d'Auxerre, préfecture ; d'Avallon, Joigny, Sens, Tonnerre, sous-préfectures.

La France est, sans contredit, le pays de l'Europe qui réunit le plus de richesses territoriales : l'activité, l'intelligence de sa nombreuse population, rendent célèbres par toute la terre les produits de son industrie ; ses frontières et ses côtes sont munies de superbes arsenaux militaires et d'excellens ports de commerce. C'est aujourd'hui le pays le plus favorisé peut-être par la nature de son climat, la richesse de son sol, la variété de ses productions, le caractère de ses habitans, l'état des arts, des sciences et des lumières ; en un mot, de tout ce qui constitue le charme de la société et la gloire de la civilisation. Cette vaste contrée est couverte d'une immense population, vive, intelligente, enjouée, ardente, avide de plaisirs et de gloire, aimable dans la paix, terrible dans la guerre, et dont la valeur, conduite par le génie, a fait pendant trente ans l'étonnement de l'univers.

La France est régie par une monarchie constitutionnelle ; tous les Français sont égaux devant la loi ; ils sont admissibles à tous les emplois ; chacun professe sa religion avec une égale liberté. La religion catholique, apostolique et romaine, est déclarée être, d'après la Charte de 1830, professée par la majorité des Français. La dignité royale est héréditaire par ordre de primogéniture, et de mâle en mâle, dans la famille. Les lois sont promulguées, et la justice rendue au nom du Roi par les officiers qu'il institue. Il nomme les pairs de France, les grands officiers de la couronne, les ministres, les conseillers-d'état, les généraux, les préfets, les évêques, etc. ; il déclare la guerre, fait la paix, envoie et reçoit des ambassadeurs : il a le droit de faire grâce aux condamnés. Le pouvoir législatif est exercé par le Roi et les deux chambres collectivement ; savoir, celle des pairs, nommés à vie, et dont le nombre est illimité, et celle des députés des départemens, nommés pour cinq ans. La proposition des lois appartient au Roi, à la chambre des pairs et à la chambre des députés ; elles sont ensuite discutées et adoptées, s'il y a lieu, par les chambres, et sanctionnées et promulguées par le Roi. Les départemens qui divisent la France sont administrés chacun par un préfet, et le chef-lieu est le siége de la préfecture. Chaque département est divisé en plusieurs arrondissemens communaux, qui sont administrés par des sous-préfets, et les chefs-lieux d'arrondissement sont les siéges des sous-préfectures ; dans l'arrondissement où se trouve le chef-lieu de département, le préfet exerce les fonctions de sous-préfet. Chaque ville a un magistrat nommé maire, qui, assisté de plusieurs adjoints, dirigent les intérêts de leur commune. Un conseil municipal, nommé par les électeurs communaux, les aide de ses lumières. La France se trouve divisée, pour l'administration de la justice, en vingt-sept cours royales, dont dépendent un certain nombre de tribunaux de première instance, qui ont, chacun dans leur ressort, plusieurs justices de paix. L'instruction publique est confiée à l'université, qui est divisée en vingt-six académies, dont le ressort est le même que celui des cours royales. On compte en France quatorze archevêchés et soixante-six évêchés, et sous le rapport militaire, elle est partagée en vingt divisions. Les destinées de l'Europe reposent aujourd'hui sur ce royaume : aussi, vigueur et équité au-dehors, modération et justice au-dedans, force et prévoyance dans son gouvernement, union et concorde parmi ses habitans, et la France heureuse sera l'arbitre de l'univers.

La France faisait autrefois partie de la Gaule transalpine, l'une des provinces romaines les moins civilisées. Les peuples qui l'habitaient, Celtes d'origine, étaient religieux et hospitaliers ; mais on leur reprochait d'aimer le vin et les délices de la table : ils portèrent d'abord le nom de Welches ou Walli ; les Romains les nommèrent ensuite Galli, et appelèrent Galliæ toute l'étendue de leur territoire. Quelques-uns de ces peuples avaient des rois, d'autres formaient des républiques, ou n'avaient que des chefs de guerre : les druides ou anciens, et les principaux habitans, formaient le conseil de la nation. Après s'être rendus redoutables à Rome naissante par leurs invasions dans le cœur de l'Italie, les Gaulois furent attaqués sur leur propre territoire par les Romains. Jules César ayant fait la conquête de cette contrée, la réduisit en province romaine. Les empereurs changèrent plusieurs fois la division de cette province ; mais dans le quatrième siècle, sous Valens, elle fut définitivement partagée en dix-sept provinces. Pendant la décadence de l'empire romain, les peuples barbares du nord envahirent la Gaule de divers côtés. Les Francs, dont l'origine a produit une foule de systèmes, et qui étaient, suivant l'opinion la plus commune, une confédération de plusieurs peuplades germaniques situées entre le Rhin et le Weser, s'unirent aux Romains pour garantir leur indépendance commune. Après de longs et nombreux combats contre les Romains, ils vinrent s'établir sur la rive gauche du Rhin du propre consentement même des empereurs d'occident , et pénétrèrent peu à peu plus avant à la faveur des troubles et de la décadence de l'empire. On prend d'ordinaire leur histoire et l'époque de la fondation de la monarchie française, à Pharamond, l'un de leur chef , vers l'an 420, lequel commença de régner dans le pays qu'on a depuis appelé le Brabant. Ses successeurs, Clodion et Mérovée, agrandirent peu à peu leurs États ; et Childéric , fils de Mérovée et père de Clovis, poussa ses conquêtes jusqu'à l'embouchure de la Loire. D'autres peuples de la Germanie s'établirent , vers le même temps, dans la Gaule. Les Bourguignons y entrèrent en 406 , et s'emparèrent successivement de la plus grande partie de la Suisse , de la Franche-Comté , de la Bourgogne (qui a conservé le nom de ces peuples), du Nivernais , du Lyonnais , du Dauphiné et de la Savoie. Les Visigoths sortis d'Italie occupèrent le centre et le midi de la France , en y comprenant la Provence et le comté de Nice, et même une partie de l'Espagne (1). Il ne resta aux Romains qu'une partie de la Champagne et de l'Ile-de-France ; où commandait Siagrius , et dont la capitale était Soissons. Tel était l'état de la Gaule lorsque Clovis commença à régner en l'an 481.

Clovis , qui doit être regardé comme le véritable fondateur de la monarchie française , se rendit maître de Soissons , tua Siagrius , et anéantit le reste de la domination romaine dans la Gaule. Il vainquit les Allemands à la bataille de Tolbiac en 496 , et s'empara du pays qu'ils occupaient. Il défit , en 507 , l'armée des Visigoths dans la plaine de Vouillé près de Poitiers ; ensuite il chassa ces peuples de toute l'Aquitaine , et même de Toulouse leur capitale ; de sorte que ne possédant dans la Gaule que le Bas-Languedoc , ils établirent le siége de leur empire en Espagne dans la ville de Tolède. Ce prince soumit aussi les Bretons ; il fit la guerre aux Bourguignons sans pouvoir les subjuguer ; mais ses enfans détruisirent le royaume de Bourgogne en 534 , et le partagèrent entre eux. Ils acquirent aussi la Provence dont s'était emparé un roi des Ostrogoths d'Italie , qui était venu au secours des Visigoths. C'est ainsi que les Francs se sont établis dans les Gaules. On donna le nom de royaume de France au pays qu'ils occupèrent. Il n'est peut-être pas inutile de remarquer que de

---

(1) Le royaume des Bourguignons fut fondé par Gundicar , et celui des Visigoths par Ataulphe.

tous les peuples qui ont envahi l'empire romain , les Francs et les Angles sont les seuls qui aient survécu aux révolutions des temps , et prolongé leur existence et leur nom jusqu'aujourd'hui. Trois races de souverains ont succédé à ces mêmes Francs , les Mérovingiens , les Carlovingiens et les Capétiens. Cette circonstance divise naturellement cette histoire en trois époques : chacune d'elles a ses lois, ses mœurs , ses grands princes , ses révolutions , en un mot , son caractère. Trois masses aussi distinctes laissent la liberté de s'occuper d'une d'elles , sans craindre l'embarras ou la confusion des deux autres. Aussi ne s'occupe-t-on que de la troisième époque , celle des Capétiens , et l'on se contente d'avoir une idée succincte des deux autres , mais avec moins de détails , parce qu'à mesure que les événemens s'éloignent , et que la chaîne qui nous les transmet souffre des interruptions , ils perdent de leur intérêt , et ne méritent pas autant notre attention.

La période mérovingienne dure 332 ans , et donne vingt-un rois. Pharamond en est le premier , Childéric III le dernier ; Mérovée lui donne son nom , et Clovis en est le héros. La couronne se partageait alors entre tous les frères ; ce sont ces partages qui ont perdu la dynastie. Le premier est celui des enfans de Clovis ; ils étaient quatre. Après beaucoup de combats et de crimes , Clotaire I.ᵉʳ reste seul , et réunit toute la monarchie française. A sa mort , nouveau partage entre ses quatre enfans ; nouveaux troubles , nouvelles atrocités. Clotaire II , son petit-fils , reste seul , et réunit encore tout le territoire français ; mais sous ces deux petits-fils s'effectue le troisième partage , en France orientale ou Austrasie , et en France occidentale ou Neustrie. Les rois cessent d'abord en Austrasie ; Pepin Héristal , maire du palais, office qui avait usurpé toute l'autorité , non-seulement ne permet pas à ceux de Neustrie de venir leur succéder , mais il les oblige de le recevoir pour maire , et dès ce moment les Mérovingiens furent perdus. Ces deux grandes magistratures de l'État , la royauté et la mairie , étant héréditaires , et le hasard voulant que la race des maires fût une suite de grands hommes , tandis que celle des rois ne fournissait que des gens incapables , il en résulta que les maires furent tout , et les rois rien ; aussi sont-ils connus dans l'histoire sous le nom de rois fainéans. Enfin , le maire Pepin se lassa un jour de faire les fonctions de roi sans en avoir le titre ; il écarta le fantôme qu'il laissait subsister , et se montra à sa place. Ce fut moins une révolution qu'une ordonnance. J'ajouterai que le premier partage est remarquable , parce qu'il donne le premier exemple de la loi Salique ; le second , par Brunehaut et Frédégonde , deux reines célèbres par les crimes dont elles furent les auteurs ou l'objet ; le troisième enfin , parce qu'il prépare et consomme l'usurpation du trône par les maires du palais. Quand on a classé ceci , c'est assez pour la période mérovingienne , et l'on peut voir que la tâche n'est pas aussi effrayante que le laisse craindre le chaos offert par nos volumineuses histoires.

La période carlovingienne dure 236 ans , et donne onze rois. Pepin-le-Bref en est le premier , Louis V le dernier ; Charlemagne lui donne son nom , et en est le héros ; il étend au loin les frontières françaises , et fonde le second empire d'occident , qui comprenait la France , l'Allemagne et l'Italie presque entière. La couronne se partageait encore sous cette race ; ce sont ces partages qui perdent la dynastie , et rendent son histoire confuse. Le fils de Charlemagne a trois enfans , qui règnent en Italie , en France et en Allemagne. Chacun des frères a nombre d'enfans , qui amènent autant de subdivisions. Tous ces partages , les guerres qu'ils causent , les crimes qu'ils font commettre , remplissent deux ou trois générations. Enfin Charles-le-Gros , l'arrière petit-fils de Charlemagne , réunit sur sa tête tous les Etats de son aïeul , par héritage ou par usurpation ; mais il n'avait ni ses forces , ni son génie. On le dépose ; son trône s'écroule , et ses débris forment des Etats séparés. Voilà les Carlovingiens tombés dans le mépris , comme avaient été les Mérovingiens : mais sous ceux-là l'autorité ne s'était pas perdue ; elle n'avait fait que changer de mains ; car si elle échappa aux rois , elle fut saisie toute entière par les maires du palais ; aussi le passage de la première à la seconde race se fit-il sans amener de révolution dans l'Etat. Il n'en fut pas ainsi sous les Carlovingiens ; l'autorité , perdue par le monarque , ne fut pas recueillie par un seul , ce qui eût continué la monarchie accoutumée ; elle fut disséminée entre tous , ce qui produisit l'indépendance partielle , l'anarchie , le système féodal. La monarchie française ne fut plus qu'une confédération tumultueuse , qui ne conserva des rois que par habitude , et par le besoin de résister aux Normands qui ravageaient le pays. Les Carlovigiens , avilis , incapables désormais de se faire obéir et d'accorder protection , ne montrant plus que des droits sans pouvoir et des titres sans talens , devaient nécessairement disparaître devant le plus puissant et le plus habile des vassaux. C'est ce qui arriva sous Hugues-Capet , qui commence la troisième dynastie, dont la postérité règne encore de nos jours.

La période capétienne a duré huit cents ans, et a donné trente-six rois depuis Hugues Capet jusqu'à Charles X. Le roi régnant aujourd'hui est Louis-Philippe I.ᵉʳ, elu le 9 Août 1830. La ligne directe des Capétiens donne quinze rois, forme huit branches, réunit six provinces ; Philippe-Auguste, saint Louis, Philippe-le-Bel, sont ses plus grands princes. La branche des Valois donne treize rois, forme cinq branches, réunit quatorze provinces ; Charles-le-Sage, Louis XII, François I.ᵉʳ, sont ses plus grands princes. La branche de Bourbon donne huit rois, forme huit branches et réunit dix provinces ; Henri IV, Louis XIV sont ses plus grands princes.

OBSERVATIONS SUR LES CAPÉTIENS DIRECTS.

La branche directe des Capets, qui présente à la lecture moins d'éclat peut-être que les deux suivantes, offre pourtant des objets plus essentiels. C'est là qu'on trouve le principe de nos institutions et de nos coutumes, le berceau de notre droit public et de nos lois constitutives. En vain on voudrait les aller chercher au-delà : le système féodal, qui complète la ruine des Carlovingiens, et commence l'élévation des Capétiens, s'élève comme un mur de séparation entre les deux dynasties ; il brise toute la filiation des lois, il interrompt la succession des coutumes, il creuse un abîme où s'engloutit la législation de Charlemagne ; en un mot, il forme un véritable interrègne entre les vrais monarques de la seconde et troisième races. L'accession de Hugues Capet fut le dernier terme de ce système anarchique, et le premier pas rétrograde vers la monarchie réelle. Ce prince était le plus puissant des seigneurs, et son riche patrimoine devint la base solide sur laquelle ses descendans travaillèrent sans relâche à reconstruire la monarchie aux dépens de l'indépendance féodale : ce fut le point d'appui qui leur servit à rapprocher et rejoindre tant de matériaux épars. C'est une chose admirable et curieuse que la sagesse, l'habileté avec laquelle tous les rois Capétiens marchent constamment et en silence vers le même but ; rien n'égale l'uniformité et la persévérance de leur système héréditaire, si ce n'est la fortune qui les seconde.

Quand Hugues parvint à la couronne, la France était partagée entre une foule de seigneurs, qui, sous la dépendance purement nominale du roi, étaient absolus chez eux, y levaient des impôts, rendaient la justice, dictaient les lois, frappaient monnaie, et faisaient la guerre. Hugues Capet, qui, comme seigneur particulier, avait tous ces avantages dans ses domaines, ne les possédait nulle part comme roi; il n'avait de véritable souveraineté que dans ses terres. Qu'il fallut de politique, d'adresse et de bonheur dans ses descendans, pour dépouiller ces fiers barons, et les réduire à la condition de sujets! Telle fut pourtant l'habileté de ces princes et la faveur des circonstances, que vers 1300, maîtres de la plus grande partie du territoire français, acquis par conquête, par mariage ou par réunion, ils se trouvaient les justiciers universels du royaume, et ses législateurs suprêmes. Cependant leurs besoins avaient augmenté avec leur grandeur, et leurs dangers s'étaient peut-être accrus avec leur puissance. Les impositions et les taxes, ce sujet éternel de dispute entre les souverains et les peuples, cette cause première des révolutions des empires, devenaient désormais un objet délicat et dangereux vis-à-vis d'une grande nation qui ne les aurait pas consenties; et si le monarque n'avait plus à redouter l'opposition d'un vassal puissant, il avait à craindre les murmures et le soulèvement d'un peuple entier. Philippe-le-Bel, le plus grand politique de son temps, osa parer à cet inconvénient par une mesure qui aurait fait trembler un prince moins habile : il convoqua la nation; et cette assemblée, qui vers le même temps, en Angleterre, sous le nom de parlement, faisait la guerre à ses rois, et en Allemagne, sous le nom de diète, dictait des lois aux empereurs, ne fut alors en France, sous le nom d'états-généraux, que le soutien du trône et l'affermissement de l'autorité royale : tant il est vrai que les mêmes élémens, maniés par des mains différentes, peuvent conduire à des résultats opposés! Cet important établissement, le complément des institutions capétiennes, devenu la base fondamentale de la monarchie française, terminera nos observations. Nous ajouterons seulement, et par forme de récapitulation, que tant de travaux et de succès furent particulièrement l'ouvrage de quatre princes les plus remarquables de leur race. Louis-le-Gros jeta les premières bases, Philippe-Auguste les étendit par ses victoires, saint Louis les affermit par sa sagesse, Philippe-le-Bel y mit la dernière main par son grand caractère et sa politique audacieuse.

OBSERVATIONS SUR LES VALOIS.

La branche des Valois présente la scène la plus active et la plus tumultueuse de notre histoire ; elle fournit les événemens les plus frappans de la monarchie, soit qu'on la considère au-dehors, soit qu'on l'observe au-dedans. Deux de ses rois tombent dans les mains de l'ennemi, Jean à Poitiers, et François Ier à Pavie. Deux fois le sceptre est sur le point d'échapper ; on croit le voir passer dans la main des Plantagenets ou des Guises. Il faut presque des miracles pour le retenir. Je veux parler de Charles VII au temps de la Pucelle d'Orléans, et du temps de la ligue à la mort d'Henri III. Deux révoltes fameuses mettent l'Etat en péril, celle de Robert d'Artois, devenu le conseiller d'Edouard III, et celle du connétable de Bourbon, devenu le général de Charles-Quint. Les trois grandes guerres de notre histoire se trouvent toutes sous cette branche : 1.º celle d'Angleterre, qui mit le royaume à deux doigts de sa perte ; 2.º celle d'Italie, qui devint la source des plus grands maux, et 3.º celle d'Autriche, qui commença sous des auspices si malheureux. Sous les Valois encore éclatent trois des quatre fameuses guerres civiles qui souillent nos annales : 1.º celle de Charles-le-Mauvais, sous Jean et Charles V ; 2.º celle des Armagnacs et des Bourguignons, sous Charles VI ; 3.º celle des protestans et de la ligue, sous François II, Charles IX et Henri III. Les plus terribles défaites et les victoires les plus glorieuses sont de ce temps ; et comme si tout devait concourir à rendre cette période célèbre, c'est elle qui présente encore le rassemblement de ces découvertes fameuses qui amenèrent des révolutions complètes dans l'esprit humain ; l'artillerie, l'imprimerie, la boussole, la découverte de l'Amérique, et le passage aux Indes ; c'est enfin de son temps que commence la chaîne non interrompue de nos poètes, de nos historiens et de nos théâtres. Si l'on a bien présens les désastres extérieurs et domestiques des Valois, tels que nous venons de les esquisser, l'on ne sera pas peu surpris sans doute du contraste étrange de leur bonne fortune, en lisant que c'est la branche qui a effectué le plus de réunions importantes, et affermi les bases du pouvoir absolu du monarque. Il semble, à parcourir la suite des événemens, que le destin bizarre voulût payer chaque revers éclatant par quelque succès solide : en effet, chaque désastre militaire est accompagné d'une grande acquisition territoriale, et chaque trouble civil est aussitôt suivi d'une augmentation de l'autorité royale. Philippe de Valois, malgré les malheurs de Crécy, enrichit la couronne de l'acquisition du Dauphiné. L'infortuné Jean, malgré sa défaite et sa prison, recueillit pourtant la Bourgogne. Charles VII est encore plus frappant : proscrit, déshérité, chassé du trône où s'assied son rival, lui qu'on croit perdu sans ressource, est précisément celui qui réunit toutes les provinces anglaises. Si l'on veut continuer ce contraste singulier, les succès brillans de Charles VIII, et de Louis XII en Italie, n'amenèrent que des désastres, tandis que les malheurs de François I.er furent accompagnés de la réunion de la Bretagne et de tout le patrimoine du connétable de Bourbon. La défaite de Saint-Quentin n'empêcha pas Henri II de réunir Metz, Toul et Verdun ; et pour terminer enfin, il n'y a pas jusqu'aux horreurs de la ligue et à la dissolution immédiate dont elles menaçaient la monarchie, qui ne soient suivies de l'acquisition du riche patrimoine de Henri IV. Il en fut ainsi de l'autorité royale et de l'affermissement de la maison régnante. Les succès inutiles d'Edouard III et de Henri V ne servirent qu'à consacrer davantage la loi Salique ; ils gravèrent plus profondément dans le cœur des Français cette loi salutaire qui prévient tant de maux. Les attentats de Marcel rendirent Charles V plus puissant. L'atrocité des Bourguignons et les complots d'Isabelle préparèrent les jours absolus de Charles VII et de Louis XI, comme l'anarchie de la ligue et le danger des guerres de religion produisirent l'autorité toute-puissante des Bourbons. Sous les Valois encore naquirent des lois fondamentales célèbres. La majorité des rois fut fixée à 14 ans, les apanages furent abolis, l'inaliénation des domaines consacrée, le concordat établi ; et, ce qu'il y a de bien digne de remarque, c'est qu'une des époques les plus confuses de cette période, est précisément celle du triomphe de la magistrature dans les personnes des l'Hôpital, du Tillet, Cujas, de Thou, Harlay, etc.

OBSERVATIONS SUR LES BOURBONS.

La maison de Bourbon est particulièrement célèbre par la douceur de ses princes, et leur extrême valeur : elle a donné une foule de grands capitaines, et deux des plus grands rois de la monarchie, Henri IV, dont les Français ne parlent qu'avec amour, et Louis XIV, qu'ils citent avec une juste admiration; mais elle doit être bien plus célèbre encore dans les siècles à venir, par la terrible et fameuse révolution dont elle a été la victime. Cette maison, la plus ancienne de l'Europe, ainsi que la plus nombreuse, comptant plusieurs siècles d'une illustre existence et d'un bonheur constant, victorieuse de ses ennemis ou héritière de ses rivaux, comptant plusieurs trônes et régnant sur les deux hémisphères, comblée de gloire, d'honneurs et de pouvoir, était destinée à donner à la terre, dans la personne de son chef, un grand et terrible exemple de la fragilité des grandeurs humaines. Un gouffre effroyable s'est ouvert tout-à-coup sous ses pieds, et s'y est irrésistiblement englouti, lui, son trône, sa puissance et sa famille. A peine l'imagination peut-elle suivre la rapidité d'une telle catastrophe; les effets de la foudre ne sont ni plus terribles, ni plus prompts; en un instant tout a disparu, et l'esprit étonné cherche en vain quelques vestiges de tant de grandeurs.

La France pendant la révolution de 89, sous les règnes de Napoléon et Louis XVIII.

La France devient en 1789 le foyer d'une explosion aussi subite qu'imprévue. Une réforme politique, bien autrement importante que la fameuse réforme religieuse du 16.e siècle, éclate à cette époque. Durant vingt-cinq ans, elle ensanglante l'Europe, et vaincue par les armes, elle triomphe par l'opinion. Chaque jour, plus chère à ceux qui en jouissent, elle excite les vœux ardens de ceux qui l'attendent, et demeure le besoin de tous. La révolution de 89 se trouva tellement identifiée avec tous les esprits, que chacun d'abord en parut comme le complice, et que son début fut accueilli avec un enthousiasme presque universel, cependant les intérêts blessés, revenant en arrière, créèrent la résistance, et cette résistance s'appuyant des étrangers, devint la source de tous les maux. Un coup de canon se tira, et ce fut l'étincelle qui embrasa l'Europe pendant un quart de siècle, et couvrit la France de sang et de deuil; à la frontière, un dévoûment admirable obtint, il est vrai, de grandes victoires; les assaillans furent repoussés, vaincus, les trônes ébranlés; mais au-dedans, que d'horreurs! Les esprits, de plus en plus exaltés, aigris, épuisèrent tous les excès : une première assemblée avait dépouillé le monarque, une seconde lui donna des fers, une troisième le fit périr ; le pays se couvrit d'échafauds ; l'on battit monnaie sur des cadavres ; les événemens et les hommes se précipitèrent en foule, se dévorant avec fracas et rapidité. La confusion était épouvantable et la civilisation expirante, quand du sein du chaos même surgit celui qui était appelé à le débrouiller. Son apparition est merveilleuse, et ses actes sont autant de prodiges. La plus haute renommée s'était déjà attachée au jeune général, qui, debout sur les débris de cinq armées autrichiennes, imposait la paix à tous nos ennemis. La correspondance de Napoléon au directoire, portait l'empreinte de ce génie si riche de création, de ce caractère neuf, à-la fois impétueux et calme, de cette pensée pénétrante et élevée, de cette raison brillante et grave, de cet esprit vaste, plein d'invention et de prudence ; aussi actif que réfléchi, toujours infatigable ; enfin, de cet ensemble de tant de facultés contraires et énergiques qui, pendant une période de dix années, depuis les troubles de la Corse jusqu'à la fin du consulat, ont placé Bonaparte au rang de ce petit nombre d'hommes à qui l'histoire et la postérité ont donné le nom de grand. Il est vrai de dire que ce grand politique, cet habile capitaine, ne se montra plus le protecteur de nos libertés dès qu'il fut parvenu au trône. Il ne tarda pas à l'environner de ce faux éclat qu'on nomme splendeur, de ces misérables hochets de vanité qui charment les petits esprits, de ces qualifications, de ces titres, de ces dignités enfin qui ne sont plus que de la féodalité dans le siècle où nous vivons. Napoléon a été jugé ici avec l'inflexible rigueur des principes ; toutefois, nous devons encore dire que nous séparons ses actes de sa pensée ; ce n'est que le désir de nous rendre heureux qui lui faisait faire ces sacrifices aux mœurs anciennes de l'Europe ; un jour il les aurait fait disparaître. Ah ! s'il vivait, ce jour serait bien loin de nous ; et d'ailleurs les titres nationaux, créés par Bonaparte, contribuaient à rétablir l'égalité. En effet, toutes les capacités, toutes les fortunes, tous les rangs, tous les genres de mérites, toutes les belles actions y parvenaient ; et, comme il le disait souvent dans ses épanchemens, ces hochets innocens contribuaient à la gloire de notre patrie ; car combien d'hommes supérieurs sont enfans plus d'une fois dans la journée! Il riait de voir ces hommes-enfans, tous chargés de broderies, de titres, de cordons, de rubans et de croix, s'abaisser devant sa redingote grise et son petit chapeau. Cependant cet homme extraordinaire, se jouant des sceptres et des couronnes, renouvelant et surpassant l'empire de Charlemagne, tomba par la défection de ces grands dignitaires de l'Etat, qui, fatigués de guerres, trahirent leur bienfaiteur. Alors l'Europe entière arriva au milieu de nous, et l'héritier de la dynastie interrompue reprit son trône et sa puissance. Celui-ci nous imposa librement, et de son choix, quoi ? O merveille de la force des choses sur les passions des hommes ! précisément les mêmes grandes bases, les mêmes principes qui ont été la cause et le constant moteur de la longue et terrible querelle. A quoi bon tant d'efforts, de sang, de larmes, de dévastations, de violences ? Eh ! que de millions d'hommes, que de ·milliards de richesses, que d'innombrables maux n'eût pas épargné une pareille concession faite vingt-cinq ans plutôt ! Il est vrai qu'elle ne fut pas franchement exécutée. Sous le règne de Louis XVIII, en 1821, eut lieu la mort de Bonaparte ; elle fut, comme celle de Jules-César, précédée d'une comète, et ce génie supérieur prévit dès-lors que sa mort était prochaine : en effet, sa maladie fit des progrès étonnans ; quelques mois après il avait cessé de vivre. Les derniers jours de Napoléon furent aussi grands que les plus glorieuses époques de sa vie. Trop certain de sa mort, il souriait de pitié, ou plutôt de compassion, à ceux qui cherchaient à combattre en lui cette idée ; mais il ne cessait de répéter que les lâches Anglais avaient enfoncé dans son cœur un couteau de boucher, dont la lame avait été brisée dans la plaie. Deux heures avant que le grand Napoléon eût cessé de vivre, une violente tempête parut annoncer à la terre que le dernier astre sous lequel elle avait brillé allait s'éteindre. Ainsi périt ce grand homme, cet homme de Plutarque, qui ne pourrait reconnaître d'ancêtres historiques, que dans Sésostris, Cyrus, Alexandre, César et Charlemagne. Charles-Quint, Henri-le-Grand, Frédéric-le-Grand et Catherine-la-Grande, sont des souverains plus modernes que Napoléon. Dans cent ans on ne comprendra ni l'apparition, ni la destruction de cet homme, à part dans l'histoire, comme dans la nature, qui, d'une île de la Méditerranée, se levant tout-à-coup sur l'Europe, la domina pendant vingt ans, disparut de la terre, et laissa ses débris au milieu des îlots. Son histoire est dominée par trois grands caractères, l'excès du génie, l'excès de la fortune et l'excès du malheur. Que lui reproche-t-on ? Lui, qui enchaîna le démon de l'anarchie, rendit à la révolution toute sa splendeur, releva les autels et raffermit les lois ; qui excita toutes les émulations, récompensa tous les mérites et recula les limites de la gloire. On attaque son despotisme? mais la dictature était de toute nécessité. On dira qu'il a gêné la liberté?_mais la licence, l'anarchie, les grands désordres étaient à nos portes. Il aimait trop la guerre ? mais il a toujours été attaqué. Il voulait la monarchie universelle? mais nos ennemis l'y conduisaient pas à pas ; enfin on va jusqu'à blâmer son ambition. Oui, il avait de l'ambition ; mais qu'elle était haute et grande, puisqu'elle tendait à établir, à consacrer l'empire de la raison et le plein exercice, l'entière jouissance de toutes les facultés humaines ! Pourquoi cette ambition n'a-t-elle pas été accomplie? La victoire à Moscou ! et nous aurions la liberté et la paix, sans lesquelles il n'est point de bonheur.

Richesses de l'Histoire de France ; ce qu'elles nous laissent à désirer chez les anciens.

Après s'être occupé de l'histoire grecque, qui nous transmet le commencement des peuples anciens et l'origine de presque toutes les connaissances humaines; après avoir étudié l'histoire de Rome, qui forma une domination universelle, d'où sont sortis la plupart des États modernes, on arrive naturellement à l'histoire de son pays, laquelle se trouve ainsi la troisième dans l'ordre des temps, bien qu'elle doive être, sans contredit, la première dans l'ordre des intérêts et des affections. Or, quand on a le bonheur d'être Français, on trouve dans l'histoire de son pays mille motifs d'un juste orgueil national.

C'est d'abord Clovis qui, dans les temps les plus barbares, unissant la politique au courage, fonde une monarchie demeurée la plus ancienne et la plus noble qu'on connaisse parmi nous ; ensuite c'est Charlemagne qui, par la force de son caractère, la sublimité de son génie, la hardiesse de ses entreprises et l'heureux accomplissement de ses projets, est le héros de son siècle, et eût été celui de tous les âges.

Après eux, c'est ce brave Philippe-Auguste, qui, avant de vaincre à Bouvines, offrait de remettre sa couronne à celui qu'on en eût jugé plus digne que lui ; ce pieux saint Louis, dont la justice se refusait à garder les provinces que sa valeur avait conquises.

C'est l'époque brillante de l'aimable chevalerie, antique ber-
ceau de cette loyauté, de cet honneur, de cette galanterie, demeurés toujours si chers aux Français, et tellement identifiés depuis avec la France, qu'ils y semblent plus particulièrement indigènes.

C'est ce roi Jean, qui disait que si la bonne foi était bannie de chez les hommes, elle devrait prendre refuge dans le cœur des rois, et qui, fidèle à cette belle maxime, retourne mourir dans les fers, plutôt que de demeurer libre au mépris de ses enga-gemens; Charles V, dont la prudence et la sagesse relèvent une monarchie en décombres; Charles VII, qui, aidé de ses preux, reconquiert son royaume sous les auspices de la beauté; le paternel Louis XII, qui aime mieux voir les courtisans rire de son avarice, que son peuple pleurer de ses largesses; le magna-nime François I.er, qui se console de la perte de sa liberté dans le salut de son honneur; le valeureux Henri IV, dont le nom est synonyme de vaillance, gloire et bonté; Louis XIV, qui, entouré d'un groupe d'immortels comme lui, s'élève majes-tueusement, et la France avec eux, au-dessus des nations et des siècles; enfin, tous les prodiges du grand Napoléon.

Que si, laissant l'éclat du trône, on promène ses regards sur la masse des sujets, quelle foule de grands hommes en tous genres! que de vertus publiques et privées! que de nobles actions! que de beaux caractères! que de grands talens qui, pour tenir le vrai rang de notre estime, et rivaliser pour le moins ceux de la Grèce et de Rome, n'auraient besoin, ainsi que ce devrait être un devoir sacré parmi nous, que d'être offerts aux premières idées de notre enfance, aux premières affections de notre âme, avec cette continuité, ce soin, cette habitude journalière qu'on donne de préférence, dans nos études classiques, aux anciens qui ne nous sont rien, sur les modernes qui sont notre propre famille!

Et qui fut, en effet, plus intrépide que Duguesclin, plus pur que Bayard, plus brave que Condé, plus vertueux que Turenne, plus charitable que Fénélon, plus citoyen qu'Eustache de Saint-Pierre, Maillard, d'Assas et Désiles, plus ferme que Molé, plus fidèle que du Harlay, plus homme de bien que Sully, plus constamment illustre que les orateurs de la tribune française? Et de nos jours, quelle foule innombrable pourrait disputer les qualités que nous venons de donner à ces hommes célèbres?

Chaque vertu , chaque mérite , nécessiteraient des volumes entiers , si l'on voulait désigner les noms de tous les citoyens qui les possèdent. Le nouveau Fénélon, M. de Cheveruz, serait inscrit dans presque toutes les séries ; en effet, il est tolérant, bon, charitable, vertueux, intrépide aussi , puisqu'il a bravé tous les dangers pour pratiquer la vertu : en un mot, il possède toutes les qualités nécessaires à un homme de bien. Eh ! comment , en réfléchissant sur le nombre de bons exemples que nous offre l'histoire maternelle, ne pas se demander dans la juste exaltation de son âme, quelles utiles et nobles vertus peuvent donc nous réserver les histoires anciennes? Quelles belles et grandes leçons leur reste-t-il à nous donner? Quels sujets d'envie peuvent-elles nous présenter ? Il en est deux pourtant dignes de tous nos efforts et de tous nos vœux ; c'est l'admirable amour de la patrie chez les Romains au temps de la république, et la longue et complète félicité dont chez eux les souverains comblèrent les sujets au 2.ᵉ siècle de la monarchie.

Que ces deux grandes et belles circonstances soient provenues l'une de la nature du gouvernement, l'autre d'une heureuse combinaison du hasard , c'est ce qu'il importe peu d'analiser ici. Toutefois est-il vrai que ces faits ont existé , et que dès-lors nous pouvons prétendre à les reproduire par la force de l'éducation et des mœurs, capables de suppléer à tout?

ILES BRITANNIQUES.

Un climat nébuleux, humide et changeant ; une liberté politique long-temps enviée par les nations les plus éclairées ; une religion dominante, qui doit sa force à l'isolément de toute influence étrangère ; une liberté de culte complète ; une industrie qui a décuplé les richesses du sol, ont donné au peuple Anglais un caractère sombre, brusque, réfléchi ; un orgueil qui le porte à se regarder comme la première nation du monde ; un genre de vie solitaire et retiré ; des mœurs différentes de celles des autres Européens ; des lumières supérieures à celles de ses voisins ; une sorte d'égoïsme et de nombreux préjugés, d'où naissent, chez la classe la plus nombreuse, ces idées exclusives que l'on est convenu d'appeler esprit national, et chez les gouvernans, ces principes quelquefois contraires à la justice, qui ont imprimé à la politique anglaise une direction oblique dont ses alliés même apprirent à se méfier : toutefois, la nation britannique, malgré la faible étendue de son véritable territoire, est d'un si grand poids dans la balance du monde ; sa force, toute factice comme celle de ces machines qui centuplent les produits de l'industrie, la place à un si haut rang, que nul ne peut s'empêcher de contempler en elle le spectacle d'une puissance formidable qui, semblable à l'eau vaporisée dont elle a su tirer de si grands avantages, ou telle que l'Océan sur lequel elle prétend dominer sans partage, a vingt fois soulevé dans son seul intérêt les peuples de la terre, ou fait naître au milieu d'eux la fureur des tempêtes.

Les îles britanniques comprennent quatre parties, savoir : 1.° l'Angleterre, capitale Londres, qui l'est aussi de toutes les îles britanniques ; 2.° l'Écosse, capitale Édimbourg ; 3.° l'Irlande, capitale Dublin ; 4.° les petites îles. L'Angleterre se divise en cinquante-deux comtés ; douze de ces comtés forment la principauté de Galles, laquelle fut réunie à l'Angleterre, par union territoriale, sous Edouard I.er en 1282, et par union législative, sous Henri VIII en 1537. L'Ecosse se divise en trente-deux comtés ; elle a été réunie à l'Angleterre, par union territoriale, sous Jacques I.er en 1603, qui leur donna le nom de Grande-Bretagne, et par union législative, sous la reine Anne en 1707. L'Irlande se divise en quatre provinces, subdivisées en trente-trois comtés. Elle est de tous les pays adjacens à l'Angleterre, le premier qu'elle ait conquis et le dernier qu'elle ait incorporé. Elle fut réunie, par union territoriale, sous Henri II en 1172, et par union législative, sous Georges III en 1800.

Nota. La description des petites îles appartenant au royaume d'Angleterre, se trouvera au chapitre des îles de l'Europe. Le roi d'Angleterre possède le royaume de Hanovre en Allemagne, ainsi que la ville de Gibraltar en Espagne.

* *Tableau des Comtés compris dans les Iles Britanniques.*

L'Angleterre proprement dite forme quarante comtés, savoir : au nord, Northumberland, chef-lieu Newcastle ; Cumberland, chef-lieu Carlisle ; Westmoreland, chef-lieu Appleby ; Durham, Yorck, Lancaster, avec des chefs-lieux de même nom.

A l'est, Norfolk, chef-lieu Norwich ; Suffolk, chef-lieu Ipswich ; Essex, chef-lieu Chelmsford ; Middlesex, chef-lieu Londres ; Lincoln, Cambridge, Huntingdon, Bedford, Hertfort, avec des chefs-lieux de même nom.

Au milieu, Rutland, chef-lieu Okeham ; Shrop, chef-lieu Shrewsbury ; Chester, Derby, Nottingham, Leicester, Stafford, Héréford, Worcester, Warwick, Northampton, Buckingham, Oxford, Glocester, Monmouth, avec des chefs-lieux de même nom.

Au midi, Kent, chef-lieu Cantorbery ; Surrey, chef-lieu Guildford ; Sussex, chef-lieu Chichester ; Berks, chef-lieu Réading ; Hamps, chef-lieu Winchester ; Wilts, chef-lieu Salisbury ; Dorset, chef-lieu Dorchester ; Sommerset, chef-lieu Bristol (Bath et Wels lui disputent ce titre) ; Devon, chef-lieu Exeter ; Cornwal ou Cornouailles, chef-lieu Launceston.

La principauté de Galles forme douze comtés, situés à l'ouest de l'Angleterre, savoir : Anglesey, chef-lieu Beaumaris ; Mérioneth, chef-lieu Harleich ; Brecknock, chef-lieu Brécon ; Glamorgan, chef-lieu Cardiff ; Caernawon, Denbigh, Flint,

Montgoméry , Cardigan , Radnor , Pembroke , Caermarthen , avec des chefs-lieux de même nom.

L'Ecosse forme trente-deux comtés , savoir : Caithness, chef-lieu Wick ; Sutherland , chef-lieu Dornoch ; Ross , chef-lieu Tain ; Kincardine ou Méarns , chef-lieu Bervie ; Argyle , chef-lieu Invérary ; Bute . chef-lieu Rothesay ; Fife , chef-lieu Cupar (Saint-Andrews lui dispute ce titre) ; Berwick ou Mers , chef-lieu Greenlaw ; Roxburgh , chef-lieu Jedburgh ; Cromarty , Inverness, Nairn , Elgin , Banff , Aberdeen , Forfar , Perth , Dumbarton , Stirling , Clackmannan , Kinross , Linlithgow , Edimbourg , Haddington , Selkirk , Peebles , Lanark , Renfrew , Ayr , Dumfries, Kirckudbright , Wigton , avec des chefs-lieux de même nom.

L'Irlande se divise en quatre provinces , comprenant trente-trois comtés , savoir : la province d'Ulster , formant neuf comtés , qui sont ceux de Donegal , Londonderry , dont le chef-lieu est la capitale de toute la province ; Antrim , Monaghan , Armagh , Cavan , avec des chefs-lieux de même nom , et Tyrone , chef-lieu Omagh ; Fermanagh , chef-lieu Enniskillen ; Down , chef-lieu Down-Patrick.

La province de Connaught , capitale Galway , formant cinq comtés , qui sont ceux de Sligo , Roscommon , Galway , avec des chefs-lieux de même nom , et Mayo , chef-lieu Ballinrobe ; Leitrim , chef-lieu Carrick.

La province de Leinster , capitale Dublin , formant douze comtés , qui sont ceux de Longford , Kilkenny, Carlow , Wicklow , Wexford , Dublin , avec des chefs-lieux de même nom , et Westmeath , chef-lieu Mullinger ; Meath , chef-lieu Trim ; Louth , chef-lieu Dunkald ; Kildare , chef-lieu Naas ; King's , chef-lieu Philipstown ; Queen's , chef-lieu Marborough.

La province de Munster , capitale Cork , formant six provinces , qui sont Limerick , Waterford , Cork , avec des chefs-lieux de même nom , et Clare , chef-lieu Ennis ; Tipperary , chef-lieu Clonmell ; Kerry , chef-lieu Tralée.

L'Angleterre , encore barbare sous le nom de Bretagne , fut subjuguée par les Romains dans le premier siècle de l'ère chrétienne , et leur demeura soumise près de quatre cents ans. Quand les Romains , pressés de tous côtés par les barbares du nord , furent obligés d'abandonner les pays éloignés pour concentrer leurs légions , alors les Bretons amollis ne purent résister à leurs voisins, les Pictes et les Ecossais, que les Romains même n'avaient pu dompter : ils eurent recours, selon l'usage du temps, aux barbares même pour les défendre des barbares ; ils appelèrent les Angles et les Saxons, qui vinrent dépouiller ceux qu'ils promettaient de défendre.

Les Anglo-Saxons, devenus maîtres de la Bretagne, fondèrent sept royaumes dans leur nouvelle conquête, et leur histoire, comprise sous le titre d'Heptarchie, ne vaut pas la peine qu'on s'y arrête ; on n'y trouverait que des combats, des meurtres et du pillage, conséquences naturelles de ces morcellemens dangereux, aussi-bien que de l'inévitable rivalité de ceux qui les gouvernent.

Enfin au commencement du 9.º siècle, Egbert, l'héritier et le conquérant de tous ces royaumes, vient jeter la lumière sur leur histoire, et à cette époque notre intérêt commence avec la monarchie anglaise.

Sept familles l'ont gouvernée depuis, l'une après l'autre. La Saxonne, qui donne seize souverains ; la Danoise, qui donne quatre souverains ; la Normande, qui donne trois souverains, et règne soixante-neuf ans ; l'Angevine, qui donne quatorze souverains, et règne trois cent trente-un ans ; celle de Tudor, qui donne cinq souverains, et règne cent dix-huit ans ; celle de Stuart, qui donne six souverains, et régne cent onze ans, et celle de Brunswick, régnante aujourd'hui. Les trois premières doivent le trône à la conquête, les quatre dernières y arrivent par héritage.

Nous négligerons les deux premières ; le faible intérêt de leurs guerres et de leurs révolutions disparaît tout-à-coup devant la troisième, dont l'arrivée se trouve l'époque remarquable d'une révolution complète dans les lois, le langage, la propriété et les coutumes. Tout change avec elle dans le pays, et c'est à ce point important et decisif qu'il convient de prendre son histoire.

Guillaume, surnommé le Bâtard par sa naissance, et le conquérant par sa fortune, était l'héritier et le sixième descendant de Rollon ; chef d'une peuplade d'aventuriers du nord qui se fixèrent en Normandie, il profita de l'aversion des Anglais pour le joug Danois, qui s'empressaient de donner le trône à un particulier nommé Harold, Edgard Atheling, rejeton des Saxons, ne pouvant les défendre suffisamment contre ces terribles étrangers, à cause de sa jeunesse. Guillaume s'appuyait d'un prétendu testament, fait, disait-il, par Edouard-le-Confesseur en reconnaissance des services qu'il lui avait rendus étant malheureux, et par lequel il l'instituait son héritier : c'est sur ce titre, qu'il ne montra jamais, que reposèrent ses prétentions; aussi la bataille d'Hastings, dans laquelle son rival perdit la vie, fut-elle un bien meilleur droit. Guillaume régna sur l'Angleterre soumise, et sa famille posséda la couronne, qui en sortit soixante-neuf ans après par le mariage de Mathilde, dernière princesse de cette maison, avec Geoffroi Plantagenet, comte d'Anjou.

A la mort d'Henri I.er, Beauclerc, dernier des rois Normands, qui avait désigné pour lui succéder, Henri, fils de Mathilde et du comte d'Anjou, le trône fut occupé par un usurpateur nommé par les évêques : ce fut Etienne son neveu; il établit un gouvernement aristocratique. Mathilde le fit prisonnier, mais les évêques le rétablirent. La guerre civile ne fut cependant terminée qu'après qu'Etienne eut reconnu que Henri, fils de Mathilde, lui succéderait, au préjudice même de son fils. Henri II, premier des Plantagenets, hérita, par sa mère, de l'Angleterre et de la Normandie, du Maine, de l'Anjou et de la Touraine, par son père; en épousant Eléonore, héritière d'Aquitaine, il joignit à ces Etats toutes les provinces occidentales de France, depuis la Loire jusqu'aux Pyrénées.

Ce fut avec ces avantages patrimoniaux que la maison d'Anjou vint s'établir en Angleterre, où elle a régné trois cents ans, donné des souverains les plus brillans de la monarchie, et fourni les matériaux les plus intéressans de son histoire.

Henri II, Edouard I.er, Edouard III, Henri V, sont des princes qu'on cite avec complaisance; leurs conquêtes, leurs victoires et leurs lois, sont également dignes de louange et de mémoire. D'un autre côté, les revers, les infortunes, et la fin tragique de cette maison célèbre, fournissent d'abondantes réflexions aux politiques et aux philosophes; elle finit sur le champ de bataille. Ce fut là que la maison de Tudor, qui en était l'héritière par les femmes, vint en recueillir les dépouilles sanglantes.

Les Tudors, que certains auteurs font descendre des anciens princes de Galles, tandis que d'autres leur accordent à peine le titre de simples gentilshommes, durent leurs première faveur à Owen Tudor, qui devint l'époux de la reine Catherine de France, veuve de Henri V. Ce mariage illustre valut au fils d'Owen une autre alliance encore plus profitable. Edmond (c'était son nom) épousa Marguerite de Sommerset, dont le fils devint par le massacre des deux Roses, le représentant des Lancastres, et l'héritier du trône d'Angleterre. Cette famille régna plus de cent ans, et parmi les souverains qu'elle donna, deux surtout occupent l'attention de l'histoire, Henri VIII, si fameux par la tyrannie de son gouvernement et la bizarrerie de son caractère, et Elisabeth, admirable par la force de sa conduite, l'étendue de ses vues et la grandeur de son génie. Elle fut la dernière de sa maison, et sa couronne passa dans celle des Stuarts, qui en étaient les plus proches parens et les véritables héritiers.

Walter, sénéchal ou stuart d'Ecosse, dont la charge a depuis servi de nom à ses descendans, avait épousé la sœur et l'héritière du dernier souverain. C'est par ce mariage que les Stuarts furent appelés au trône qu'ils teignirent presque tous de leur sang. Jamais famille n'a présenté une suite aussi complète d'infortunes héréditaires. La famille des Stuarts s'éteignit dans la personne d'Anne, qui ne laissait pas d'héritier ; et comme si ses malheurs devaient lui survivre, on s'en réjouit comme d'un événement heureux, parce qu'en effet il assure le repos, et prévient bien des troubles. Le règne des Stuarts est une des époques les plus orageuses et les plus importantes de la monarchie anglaise ; il est également intéressant pour le politique et pour le philosophe, pour l'homme d'état et pour le simple particulier. Cette famille a duré cent onze ans, et a été remplacée par celle de Brunswick, qui occupe le trône aujourd'hui.

La famille de Brunswick a déjà donné depuis 1714, cinq souverains à ce royaume ; le cinquième actuellement régnant est Guillaume IV.

ESPAGNE ET PORTUGAL.

APERÇU GÉNÉRAL. — DIVISION. — RÉUNIONS. — SUBDIVISION. — HISTORIQUE.

AUCUNE contrée de l'Europe ne fut plus favorisée de la nature que la péninsule hispanique : des montagnes inaccessibles, favorables à la guerre des partisans, protègent son indépendance contre d'audacieuses tentatives ; la variété de son climat permet aux productions des tropiques de s'unir, sur son fertile sol, à celles de la zone tempérée. Des plateaux élevés qui n'attendent que des soins pour se couvrir d'une utile végétation ; des collines garnies de ceps vigoureux qui produisent des vins recherchés ; des vallées dont la terre est fécondée par de limpides ruisseaux et par les rayons d'un astre bienfaisant ; des fleuves qui, partant de divers points rapprochés, peuvent, à l'aide de quelques canaux, entretenir des communications faciles, sont les élémens d'une richesse agricole que d'autres pays lui envient, et qui, utilisés par l'industrie, produiraient des trésors plus précieux que la possession des plus vastes colonies. Une énorme étendue de côtes, des ports vastes, commodes et sûrs, ouverts à la navigation de deux mers, y pourraient concentrer· le commerce des deux hémisphères. Quel génie malfaisant a pu paralyser ou corrompre tant de causes de prospérité, et réduire à une aussi faible population la vaste étendue de cette péninsule ?

ESPAGNE.

L'Espagne se divise en quatorze principales parties, dont plusieurs se subdivisent en petites provinces, savoir, au nord : la principauté des Asturies, capitale Oviédo ; le royaume de Navarre, capitale Pampelune ; le royaume d'Aragon, capitale Sarragosse ; la principauté de Catalogne, capitale Barcelone ;

les provinces Vasconguades ou les Biscayes, au nombre de trois, capitale Bilbao; le royaume de Galice, formant sept provinces, capitale Santiago de Compostelle; au milieu, l'Estramadure, capitale Badajoz; le royaume de Valence, capitale Valence; le royaume de Léon, formant six provinces, capitale Léon; la Vieille-Castille, qui en renferme cinq, capitale Burgos; la Nouvelle-Castille, subdivisée en cinq, capitale Madrid, qui l'est aussi de tout le royaume. Au sud, le royaume de Murcie, capitale Murcie, et l'Andalousie, formant sept provinces, ayant Séville pour capitale; de plus, les îles Baléares, dont la capitale est Palma, ce qui fait en tout quarante-une provinces.

Plusieurs de ces diverses parties n'ont pas toujours appartenues à l'Espagne. La Vieille-Castille et le royaume d'Aragon appartenaient au domaine primitif laissé par Sanche-le-Grand, à deux de ces fils, vers l'an 1035. La Nouvelle-Castille fut réunie par conquête entamée sur les Maures par Alphonse VI, vers l'an 1085, et continuée sous ses successeurs. La Catalogne fut réunie par le mariage de son souverain avec l'héritière d'Aragon, vers l'an 1137. Le royaume de Léon et la Galice, conquis sur les Maures par Pélage et ses descendans. Les Asturies, fondées par Pélage vers 716, et l'Estramadure conquise sur les Maures par plusieurs princes, principalement par Alphonse IX, furent tous réunis, par mariage, sous Ferdinand I.er, et finalement, par héritage, sous saint Ferdinand vers l'an 1230. Jacques I.er conquit sur les Maures les îles Baléares vers 1230, et le royaume de Valence vers 1238. L'Andalousie fut conquise sur les Maures, principalement par saint Ferdinand et Alphonse le Sage. La Biscaye, héritage des Lara et La Cerda, fut réunie par Henri de Transtamare en 1376. Ferdinand et Isabelle réunirent, par conquête, le royaume de Grenade (l'une des provinces de l'Andalousie), vers 1492, et le royaume de Navarre, vers 1512.

Provinces comprises dans le royaume d'Espagne.

La principauté des Asturies, capitale Oviédo; le royaume de Navarre, capitale Pampelune; le royaume d'Aragon, capitale Sarragosse; la principauté de Catalogne, capitale Barcelone, ne forment chacun qu'une seule province. Les Vasconguades ou Biscayes renferment trois provinces, qui sont la Biscaye proprement dite , capitale Bilbao ; Guipuscoa , capitale Saint-Sébastien ; l'Alava , capitale Vittoria. Le royaume de Galice se subdivise en sept provinces , savoir : Santiago , Betanzos , Corogne , Lugo, Orense , Tuy, Mondonedo , avec des capitales de même nom. L'Estramadure, capitale Badajoz ; le royaume de Valence , capitale Valence, ne forment chacun qu'une seule province. Le royaume de Léon se subdivise en six provinces , savoir : Léon , Palencia, Toro , Zamora , Salamanque , Valladolid , avec des capitales de même nom. La Vieille-Castille se subdivise en cinq provinces , savoir : Avila , Burgos , Ségovie , Soria , Santander , avec des capitales de même nom. La Nouvelle-Castille se subdivise en cinq provinces, qui sont : Tolède , Cuença , Guadalaxara , Madrid , avec des capitales de même nom , et celle de la Manche , capitale Ciudad-Réal. Le royaume de Murcie, capitale Murcie, ne forme qu'une seule province. L'Andalousie se subdivise en sept provinces , qui sont : Séville , Cordoue , Cadix , Grenade , Jaen , Malaga , avec des capitales de même nom. Dans la Méditerranée , les îles Baléares ne forment qu'une seule province. Ces îles sont : Majorque , capitale Palma ; Minorque , capitale Port-Mahon ; Yvica , capitale Yvica, que l'on nomme Pithyuses lorsqu'on la joint avec Formentéra, île inhabitée.

Les Traités de Géographie ne font jamais mention de la petite république d'Andorre , située sur les confins de la France et de l'Espagne, et protégée par ces deux Etats. Les habitans de ces heureuses montagnes ne sont point troublés dans leurs paisibles travaux par les querelles ambitieuses des rois.

L'Espagne , après avoir été soumise tour-à-tour par les Carthaginois et les Romains, fut envahie par trois nations barbares , les Alains , qui occupèrent le nord-est , les Suèves , qui s'établirent au nord-ouest , et les Vandales , qui, après avoir ravagé le midi , passèrent en Afrique , et y fondèrent une monarchie passagère , détruite par le célèbre Bélisaire. Cependant les Visigoths, qui s'étaient établis au midi de la Gaule , traversent les Pyrénées , détruisent les Alains , prennent la place abandonnée par les Vandales , et soumettent aussi les Suèves : ils possèdent alors toute l'Espagne , et en jouissent tranquillement jusqu'au commencement du 8.ᵉ siècle, qu'une grande révolution les fait disparaître à leur tour. Roderio était leur roi : un affront qu'il fait éprouver au comte Julien , un de ses sujets , cause sa perte et celle de son empire. Brûlant de se venger , ce comte Julien , qui commandait quelque place forte en Afrique , propose aux Maures , Arabes ou Sarrasins , de passer en Espagne : ces peuples venaient de l'Arabie. Le fameux Mahomet avait été tout à la fois leur prophète , leur législateur et leur général. En moins d'un siècle , sous son commandement , ou sous celui des califes ses successeurs , les Sarrasins s'étaient rendus maîtres de toute la partie civilisée de l'Asie , de l'Egypte et de tout le nord de l'Afrique ; ils traversèrent le détroit de Gibraltar ; une seule bataille décida la querelle , et termina les destinées du peuple Visigoth. Leur roi fut tué , leur domination anéantie , et leur nom perdu.

Les Sarrasins inondèrent l'Espagne , et s'y établirent ; mais comme les vainqueurs étaient noirs , et que les vaincus étaient blancs , que les uns étaient mahométans et les autres chrétiens , que les premiers parlaient l'arabe et les derniers l'espagnol , cette grande différence dans la figure , la religion , le langage , maintint à jamais une barrière insurmontable entre les deux peuples.

Cependant les plus indomptables des Visigoths se retirent avec courage dans les montagnes inaccessibles qui terminent le nord de l'Espagne , et y transportent les débris de leur monarchie et l'étendard de leur foi. Ils furent admirablement secondés par l'enthousiasme des chrétiens qui les avoisinaient , et par les dissentions civiles des infidèles qui les avaient vaincus. De cette poignée de braves réfugiés , s'élèvent à différentes époques les Etats chrétiens des Asturies , de Léon , de Navarre , de Castille , d'Aragon , de Portugal , lesquels resserrent les Sarrasins chaque jour davantage , les chassent tout-à-fait , et se réunissent enfin tous (à l'exception du Portugal) sous le nom de royaume d'Espagne , par le mariage de Ferdinand et d'Isabelle.

L'Espagne chrétienne avait toute été réunie par Sanche III , descendant direct d'Inigo Arista , descendu de Clovis , lequel fonda la Navarre. Sanche III , dit le Grand , après avoir réuni beaucoup de provinces par ses victoires , son mariage ou sa politique , mourut , en laissant après lui la mémoire d'un génie supérieur qui avait devancé les lumières de son siècle , et n'avait su en vaincre les préjugés. Il démembra ses Etats , et laissa des trônes séparés à ses enfans. L'usage du temps , les exemples de Clovis et de Charlemagne , doivent être son excuse ; mais les longs malheurs de l'Espagne , ses nombreuses guerres civiles et sa lutte pénible contre les Maures , attestent et consacrent sa faute. Il recula de plusieurs siècles le repos et le bonheur de ces contrées , en éloignant l'époque de leur réunion en un seul corps de monarchie , circonstance fortunée que les destinées de l'Espagne n'ont reproduite que cinq cents ans après. Sa postérité régna sur trois monarchies séparées , et finit en temps inégaux par trois filles.

Les Etats gouvernés par les Maures furent très-florissans tout le temps du règne d'Abdérame , calife d'occident. Les Arabes apportèrent aux vaincus de nouvelles sciences et de nouveaux arts. Abdérame établit des écoles ; il bâtit une grande mosquée , dont la voûte est soutenue par trois cent soixante-cinq colonnes de marbre ; on en a fait depuis une église catholique. Les Maures eurent des spectacles , des théâtres. On cultiva la médecine , la géométrie , les langues. La population était immense , parce que les Maures vainqueurs n'avaient pas persécuté les vaincus. Les historiens s'accordent à louer ce siècle , les Arabes , et le luxe qui les distinguait ; mais l'ivresse des plaisirs et de la gloire détruit tout. Les usurpateurs se succèdent ; plusieurs villes eurent leurs souverains particuliers , et pendant deux cents ans leur histoire n'offre que des crimes ; mais dans le même temps , l'Espagne chrétienne offre le même tableau , car plusieurs de leurs rois s'égorgent entre eux.

Les Maures alors perdirent plusieurs batailles ; ils se croyaient sans Etats. Mahomet I.er , surnommé Alkamar , leur rendit l'espoir, en transplantant l'asile de leur religion et le centre de leurs forces , dans une nouvelle capitale. Il choisit Grenade , qu'on croit avoir été l'ancienne Illiberis , cité puissante et défendue par deux forteresses , dont chacune pouvait contenir quarante mille hommes.

C'est dans cette plaine célèbre , qu'aucune description ne peut embellir , tant elle est le séjour enchanteur de la riche nature, c'est dans cette campagne charmante qu'il fut répandu tant de sang. Là , pendant deux siècles , toutes les horreurs de la guerre moissonnèrent les Maures et les chrétiens , les richesses des arts et des champs , quatorze grandes cités et cent petites villes, c'est-à-dire , plus de quatre-vingts lieues de long sur trente de large.

En 1343 , époque fatale pour la société humaine , les Maures, inventeurs de l'artillerie , se servirent , pour la première fois , du canon. Par une horrible fatalité , tous les trônes d'Espagne , à cette époque , étaient occupés par des princes noircis de crimes, et le monde , malheureux en Asie et en Europe , était inondé de sang. Un seul souverain parut consoler la terre à la fin du 14.ᵉ siècle. Ce fut Mahomet VIII. Il fut le modèle des grands princes ; il éleva plusieurs monumens , et fit de sa cour l'asile des talens et de la politesse. Sous lui , les Maures eurent des universités , des académies , des poètes , des artistes , et malheureusement aussi des astrologues et des théologiens. Un genre de littérature fort commun chez les Maures , les nouvelles et les romances , a été depuis imité par les Espagnols. C'est d'eux enfin que l'Europe reçut les lettres et les sciences que le moyen âge semblait avoir vu engloutir ; mais le goût des fêtes et de la magnificence , le défaut de lois , l'esprit d'inconstance , le despotisme des chefs , les factions et la discorde , sonnaient l'heure fatale de la chute des Maures.

Ferdinand II , fils de Jean II , rois de Navarre et d'Aragon , épousa Isabelle , héritière de Castille. Il mit le siège devant Grenade , qui dura neuf mois ; le 2 Janvier 1492 , tout se soumit.

Ainsi finit en Espagne , après avoir duré sept cent quatre-vingt-deux ans , la puissance des Maures , braves , industrieux , hospitaliers , trop calomniés par les historiens , et tourmentés inhumainement par les successeurs de Ferdinand , par Charles-Quint et Philippe II , et chassés par Philippe III.

Après le tableau rapide de l'éclat des Maures en Europe , il serait inutile de s'arrêter sur les mœurs dégoûtantes qui régnaient du temps de Ferdinand et de ses successeurs , lesquelles amenèrent l'inquisition , ce tribunal de sang qui n'inspire plus que la pitié , après avoir excité l'horreur.

Sous Ferdinand , deux vaisseaux commandés par le Génois Christophe Colomb , font la découverte d'un nouveau continent , auquel cinq ans après , Améric Vespuce donne son nom. A sa mort , Jeanne , dite la Folle , apporte à Philippe-le-Beau les royaume de Castille et d'Aragon , et la maison d'Autriche fournit six monarques à l'Espagne.

Charles-Quint , fils de Philippe et de Jeanne , fit François I.ᵉʳ prisonnier à la bataille de Pavie en 1525 ; il vint ravager la Provence , la Champagne et la Picardie. C'est de son règne que date le mot majesté à la cour d'Espagne. Il abaissa la noblesse , diminua ses priviléges , et abrogea ceux des communes. En 1526 , il abdiqua la couronne en faveur de Philippe II son fils. Ce prince hérita aussi des Pays-Bas. A une ambition démesurée , il joignit un fanatisme cruel , qui lui fit perdre sept provinces d'entre les dix qui formaient les Pays-Bas. A la vérité , il fut plus heureux en Portugal , dont il s'empara après la mort de Sébastien. Les règnes de ses successeurs immédiats sont peu intéressans.

Charles II , dernier de la maison d'Autriche , n'ayant point d'enfans, fit un testament, par lequel il laissait tous ses États à Philippe , duc d'Anjou , petit-fils de Louis XIV , qui fut reconnu roi d'Espagne par le traité d'Utrecht en 1713 , à condition qu'un même prince ne régnerait jamais en France et en Espagne; il abdiqua, onze ans après , en faveur de son fils Louis , qui mourut presqu'aussitôt, et Philippe remonta sur le trône; son fils don Carlos fut reconnu roi de Naples et de Sicile.

Ferdinand VI , fils de Philippe V , succéda à son père. Son amour pour le bien fut secondé par son ministre, le marquis de Ensenada. Ce prince réforma divers abus : il ranima le commerce , établit de nouvelles manufactures , fit creuser des canaux , rétablit la marine , et mourut sans laisser d'enfans.

Don Carlos frère , alors roi de Naples , passa en Espagne , après avoir fait proclamer roi , Ferdinand son troisième fils. Un pacte de famille , qui unissait d'un lien particulier les princes de la maison de Bourbon , occasiona une guerre à l'Espagne avec les Anglais. Les conquêtes faites de part et d'autre furent rendues ; mais la perte de tant d'hommes sacrifiés à la jalousie des puissances , à l'ambition des souverains ! c'est à quoi l'on ne peut remédier par les traités , et ce dont on s'occupe le moins dans les déclarations de guerre.

Charles IV monta sur le trône en 1788 ; il abdiqua en 1808. Ferdinand VII , son fils , renonça à ses droits ; alors le chef de la grande cause moderne imposa à ce royaume une constitution libérale , et leur donna pour roi un de ses frères. Joseph Bonaparte vit alors les Espagnols s'armer , non contre les institutions nouvelles , mais contre un chef sorti de l'invasion étrangère. L'Espagne, livrée en proie aux horreurs de la guerre , se leva en masse , et demeura intraitable ; mais en 1814 eut lieu la réintégration de l'ancienne monarchie dans la personne de Ferdinand VII , roi régnant.

PORTUGAL.

Le Portugal se divise en six provinces, subdivisées chacune en plusieurs comarcas ou districts, savoir : au nord, la province entre Douro et Minho, subdivisée en sept comarcas, capitale Braga. Celle de Tra-los-Montes, subdivisée en quatre, capitale Bragance. Au milieu le Beira, subdivisée en onze, capitale Coïmbre. L'Estramadure, subdivisée en onze, capitale Lisbonne, qui l'est aussi de tout le Portugal. Au sud, l'Alentéjo, subdivisé en huit, capitale Evora. Le royaume d'Algarve, subdivisé en trois, capitale Faro. Plusieurs de ces provinces n'ont pas toujours été réunies à la couronne de Portugal. Les provinces d'entre Douro et Minho, et de Tra-los-Montes, appartenaient au domaine primitif donné en dot par Alphonse VI, roi de Castille, à Thérèse sa fille, laquelle épousa Henri de Bourgogne vers l'an 1090. Le Beira et l'Estramadure furent conquis principalement par Alphonse Henriquez. L'Alentéjo et le royaume d'Algarve furent conquis principalement par Sanche I.er et Alphonse III.

Le Portugal suivit pendant long-temps le sort de l'Espagne, dont il faisait partie. De la domination des Phéniciens et des Carthaginois, il passa sous celle des Romains ; ensuite les Alains, les Suèves, les Visigoths et les Arabes, ou les Maures, le possédèrent successivement. Une faible partie du Portugal actuel formait les seules possessions des chrétiens dans ce royaume, que l'on nommait gouvernement de Porto-Cale ; il comprenait le Minho, le Tra-los-Montes, et une partie du Beira ; tout le reste du Portugal, jusqu'à la Guadiana, obéissait (lors de la fondation de la monarchie) à des rois Mahométans. Quatre races de souverains l'ont gouverné depuis, ce qui amène autant de divisions naturelles dans son histoire : la première est l'intervalle rempli par les descendans légitimes de Hugues Capet ; la seconde est l'espace occupé par les descendans illégitimes de Hugues Capet ; la troisième renferme la domination espagnole ; la quatrième enfin est celle de la maison de Bragance, actuellement régnante.

Du Portugal, sous les Rois descendans légitimes de Hugues Capet.

Cet espace de près de 300 ans est particulièrement caractérisé par les succès obtenus sur les Maures. L'esprit de religion
et de chevalerie qui régnait en Europe vers la fin du 11.e siècle,
fit passer les Pyrénées à plusieurs princes Français ; ils vinrent
en Espagne combattre les Maures sous les drapeaux castillans :
deux d'entre eux captèrent particulièrement l'affection d'Alphonse VI, roi de Castille, qui leur partagea sa famille et ses
États ; ce furent Raimond, qu'on croit être de la famille des comtes
de Bourgogne, auquel il donna sa fille Uraque, héritière de ses
couronnes, et Henri, cadet des ducs de Bourgogne, issu de
Hugues Capet, auquel il fit épouser Thérèse son autre fille, en
lui donnant pour dot les provinces adjacentes au Minho et au
Douro, avec tous les territoires qu'il pourrait conquérir sur les
infidèles jusqu'au Tage et à la Guadiana. Henri défit les Maures
en dix-sept batailles, et laissa son Etat naissant à un enfant de
deux ans, qui devait être un jour plus grand et plus puissant
que lui. Thérèse fut régente du jeune comte de Portugal. Elle
eut pour second mari un nommé Fernand Paez. Tous les deux
mécontentèrent les grands, qui poussèrent leur jeune souverain à prendre de force, à dix-huit ans, les rênes de l'Etat.
Alphonse Henriquez ouvrit dès-lors une carrière si brillante et si
prospère, qu'on peut le regarder à juste titre comme le vrai fondateur de la monarchie portugaise, dont il est le premier roi.
Il reçut ce titre, au sein de la victoire, de la bouche même
de ses soldats, qui le proclamèrent au champ d'Ourique, teints
du sang de cinq rois Maures. Alphonse s'empara de Lisbonne,
qui devint, au lieu de Coïmbre, la capitale de ses Etats : il
s'agrandit de presque tout le Beira et l'Estramadure, et ajouta
à la gloire de conquérant, celle de législateur, en faisant proclamer les Etats de Lamégo. Son fils et son petit-fils continuèrent
de s'accroître aux dépens des Maures. Sanche II, trop doux et
trop faible pour ces temps turbulens, fut chassé du trône, où
s'assit son frère Alphonse III, qui conquit les Algarves.

Denis, qui vient ensuite, justement appelé le père de la patrie
et des muses portugaises, s'occupe du bonheur de ses peuples,
et souffre des chagrins domestiques : il bâtit ou répare quarante-

quatre villes, encourage les arts, l'agriculture, le commerce, et fonde l'université de Coïmbre. Ce prince, éclairé par ses vertus, devançant son siècle, parce qu'il aimait l'humanité, en un mot, supérieur à son temps, resta quarante-six ans sur le trône, pour le bonheur de son pays.

Son successeur, Alphonse IV, prépare les cruautés de son fils, en permettant le meurtre d'Inès de Castro sa maîtresse chérie. Des seigneurs qui détestaient Inès, surprirent un ordre du vieux Alphonse, et l'égorgèrent de leurs propres mains. Pierre, devenu roi, en tira une vengeance horrible ; il fit exhumer sa chère Inès, la fit reconnaître pour reine, et transporter au tombeau des souverains. Ferdinand, d'un caractère inquiet et peu solide, enlève Eléonore Tellez à son mari, pour en faire sa femme, et manque payer de sa vie cette prostitution de son trône. Il réclame la Castille à la mort de Pierre-le-Cruel ; mais la valeur d'Henri de Transtamare le force d'y renoncer, et l'oblige de cimenter la paix par le mariage de sa fille Béatrix avec Jean l'héritier de Castille, qui devait à son tour réclamer le Portugal, mais avec aussi peu de succès.

Du Portugal sous les Rois de la race d'Avis.

Cet espace est de plus de deux cents ans, sous huit souverains et neuf générations ; il est particulièrement caractérisé par les grandes découvertes et les acquisitions immenses des Portugais dans les deux mondes : c'est l'époque de leur plus grande gloire.

Ferdinand venait de mourir, ne laissant qu'une fille mariée au roi de Castille. Celui-ci prit immédiatement le titre de roi de Portugal ; il avait pour lui les droits de sa femme, un gros parti dans l'Etat, et tenait en prison le frère légitime du dernier roi. C'est avec tous ces avantages qu'il s'avançait dans le pays, suivi d'une armée, pour joindre au besoin le droit de conquête à celui d'héritage. Ses espérances et ses projets furent renversés par l'adresse et la fortune du grand-maître d'Avis, Jean, frère naturel du dernier roi, qui, profitant de l'horreur des peuples pour la domination castillane, se plaça la couronne sur la tête, et l'y fixa par la fameuse victoire d'Aljubarotta, que les Portugais célèbrent encore aujourd'hui comme une époque de bonheur public. Jean, qu'on révère comme le défenseur de la patrie, et qui fut un grand roi, laisse une postérité nombreuse. Edouard, l'aîné

de ses fils , règne peu de temps , et sa mort procure au second
une régence glorieuse et une fin misérable. Le prince Henri,
qui vient ensuite , sera à jamais mémorable dans les fastes de
la navigation et du commerce portugais. Ferdinand, un autre de
ses frères , meurt en otage à Fez, victime malheureuse de la
politique des siens , et Alphonse, fils naturel, commence la tige
de Bragance qui occupe le trône aujourd'hui.

Alphonse V , avec de grands talens mal employés, présente un
long règne , où dominent le caprice et la bizarrerie , bien plus
qu'il ne brille de grandes actions et de saine politique : il fait
plusieurs expéditions en Afrique , où il obtient des succès , et reçoit
des échecs ; il veut épouser sa nièce , la fille malheureuse de
Henri IV de Castille ; par elle , il s'intitule le souverain de ce pays ,
et combat Ferdinand et Isabelle pour les en chasser. Battu à Toro,
il désespère de ses propres forces , et fait un voyage en France
auprès de Louis XI , pour en obtenir des secours. C'est là que
certaines circonstances semblent trahir une tête en démence. Affligé
des refus de Louis et des mauvaises nouvelles de Castille , il pro-
jette de se rendre déguisé à Rome , et de s'y faire moine. Il
mande à son fils de monter sur le trône , et craignant Louis,
qui cherche à le dissuader , il se cache , dans la crainte de devenir
son prisonnier. Il est découvert ; on lui donne une flotte qui le
reconduit en Portugal , où son fils étonné , et qui ne l'attendait
plus , lui rend avec grâce une couronne qu'il avait prise avec plaisir.
Ce fils généreux, si toutefois un devoir si juste a besoin de cet
éloge , fut Jean II , appelé le prince Parfait chez les Portugais,
et qui mérite le nom de grand dans toutes les histoires , par sa
sévérité contre les méchans , sa clémence pour les bons , son inflexible justice envers tous. Ces vertus , dangereuses au milieu des grands
indociles , mirent plus d'une fois sa vie en péril. Le duc de
Bragance expia sur un échafaud une conspiration vraie ou fausse ,
et le duc de Viseo fut poignardé de sa propre main pour un
semblable attentat. Ce prince , d'ailleurs grand et généreux , favo-
rise le commerce , et prépare la découverte de la route aux Indes
par mer : c'est lui qui refusa Colomb qui s'offrait à lui.

Il eut pour successeur son cousin Emmanuel , dit le Grand et
le Fortuné. Sous ce prince, la puissance et la gloire portugaise sont
au comble. Vasco de Gama double le cap de Bonne-Espérance ;
Alvarès Cabral découvre le Brésil ; le grand Albuquerque immor-
talise le nom portugais dans les Indes ; le roi de Congo envoie

son fils et plusieurs de ses parens pour être élevés en Portugal ; et tandis qu'un si grand lustre brille au-dehors, Emmanuel s'applique au-dedans à régler les finances et la justice ; il fait rédiger en code les lois de ses prédécesseurs.

Jean III reçoit l'ambassade de l'empereur d'Abyssinie, connu sous le nom de Prêtre-Jean ; il établit l'inquisition, et laisse la couronne à don Sébastien son petit-fils. Ce prince n'avait que trois ans : son éducation fit son malheur et celui du Portugal ; enseigné à croire que la vraie gloire reposait dans la bravoure et dans la haine des Mahométans, ces principes devinrent la règle de sa conduite, et lui coûtèrent la vie. En dépit des sages remontrances de ses parens, de ses amis et de ses peuples, il s'obstina, dans une expédition d'Afrique, pour remettre sur le trône un prince de Maroc chassé par son oncle, et fut à vingt-cinq ans périr à Alcaçar dans une des batailles les plus désastreuses qu'on eût vues : elle coûta la vie à trois souverains, et plongea le Portugal dans un abîme de maux.

Le sceptre fut recueilli par les débiles mains du vieux cardinal Henri, le seul qui restât de la nombreuse postérité du grand Emmanuel. Ce prince ne monta sur le trône un instant que pour présider, ce semble, à la dispute de ses dépouilles : une foule de prétendans réclamaient son héritage. Une commission instruisait déjà ce grand procès sous les yeux du souverain, quand ce prince termina sa carrière.

Du Portugal sous la domination espagnole.

Cet espace de soixante ans sous trois souverains, est particuculièrement caractérisé par l'oppression des Portugais et leurs pertes aux Indes, mais bien plus encore par la célèbre révolution qui leur a rendu l'indépendance.

Philippe II, maître du Portugal par la victoire du duc d'Albe, traite ce pays comme sa conquête, et ses successeurs imitèrent son exemple. Le Portugal fut accablé d'impôts, le commerce ruiné, les colonies perdues, la noblesse écartée, le clergé appauvri ; en un mot, les Portugais furent réduits en servitude, et eurent à gémir sous tous les maux qui l'accompagnent. Ce fut dans cet état de choses et par l'excès du désespoir, que se trama la fameuse révolution de 1640. L'oppression générale en fut la cause ; Pinto, l'agent ; le duc de Bragance, l'objet ; la France, le moteur secret.

L'archevêque de Lisbonne et d'autres grands se réunirent en secret ; ils projetèrent de chasser les Espagnols, et de couronner le duc de Bragance leur prince légitime. Celui-ci était d'un caractère doux, réservé et modeste, tout propre à endormir les Espagnols, qui le considéraient trop peu pour songer à le craindre ; sa femme, au contraire, sœur du duc de Médina-Sidonia, possédait toutes les qualités mâles et actives si nécessaires dans les conspirations. C'est cette bizarre et heureuse combinaison de caractère qui plaça la maison de Bragance sur le trône. L'indolence étudiée du duc qui vivait paisiblement dans sa terre de Bragance, conservait la confiance des Espagnols, tandis que l'activité de la duchesse et l'intelligence de Pinto leur fidèle intendant, ralliaient les conjurés, préparaient les esprits, anéantissaient les difficultés et ménageaient les événemens. Au premier soupçon de la cour d'Espagne, elle nomma le duc de Bragance commandant des forces en Portugal, et lui donna l'inspection de toutes les places fortes : son intention était de le faire arrêter par quelques-uns des gouverneurs qui étaient tous Espagnols ; mais cette politique adroite tourna tout-à-fait contre elle. Le duc, trop bien accompagné pour être surpris, parcourt le pays, où il créa l'enthousiasme, mit à profit l'argent qu'on lui donna pour son voyage, et s'aboucha avec les conjurés. Cependant la cour d'Espagne s'inquiète ; elle lui envoie l'ordre positif de se rendre à Madrid : il ne s'y refuse pas, mais il retarde sous divers prétextes. Enfin le jour convenu, cinq cents conjurés, dans Lisbonne, fondent sur le palais au point du jour ; ils égorgent Vasconcellos le principal ministre, s'emparent de la vice-reine et de l'archevêque de Brague, et se servent de leur signature pour se faire livrer la forteresse. Tout le royaume suit l'exemple de la capitale, et l'heureux duc de Bragance est roi sans combat ; on pourrait presque dire sans soins ni sans efforts, du moins apparens.

Du Portugal sous la maison de Bragance.

Cet espace jusqu'à ce jour est de plus de cent soixante ans, sous six souverains ; il est particulièrement caractérisé par une union politique intime avec l'Angleterre. Le duc de Bragance, reconnu roi sous le nom de Jean IV par la plus grande partie de l'Europe et par toutes les possessions portugaises, régna seize ans, toujours aussi heureux dans la découverte des nombreuses conspirations des Espagnols contre lui, qu'il l'avait été dans l'exécution de celle qui l'avait placé sur le trône.

Alphonse VI lui succède à treize ans ; sa mère fut régente : cette princesse, habile, courageuse et forte, se fit des alliés, et sut résister à l'Espagne. Elle obtint de la France le général comte de Schomberg, avec six cents officiers. A l'aide de ce précieux secours, le comte de Villaflor gagne une bataille considérable contre les Espagnols, et le marquis de Marialva termine à peu près, par la victoire de Villavicosa, la querelle qui depuis vingt-huit ans agitait les deux nations. Cependant Alphonse, d'un caractère incapable et d'une complexion équivoque, se saisit de l'autorité en dépit de sa mère, par l'impulsion de deux favoris successifs (Conti et Castelmelor), et court à sa perte par son peu de jugement et sa mauvaise conduite. Il avait un frère aussi mesuré, aussi habile qu'il était imprudent et maladroit. Pierre (c'était son nom) profita de la haine qu'inspirait le ministre favori, du mépris qu'on portait au roi, des dispositions bienveillantes de la jeune reine qui venait d'épouser son frère ; enfin, de l'amour et du respect qu'il s'était acquis. Il arrêta son frère : les Etats le déposèrent, et on l'enferma. Pierre, devenu le mari de sa belle-sœur, succéda ainsi au lit et au trône de son frère. Ce prince eut un règne ferme et glorieux : l'Espagne le reconnut enfin, et dans la guerre qu'amena la succession de cette monarchie, il prit le parti des alliés contre la maison de Bourbon, et joua un rôle important dans la confédération ; ses troupes parcoururent l'Espagne, et entrèrent triomphantes dans Madrid.

Jean V suivit les engagemens de son père, et fut moins heureux c'est sous son règne qu'arrive la défaite d'Almanza, celle de la Caya et le sac de Rio-Janeiro. Joseph, qui vient ensuite, est le témoin du fameux et terrible fléau de 1755, qui renverse Lisbonne, et y fait périr quarante mille personnes, le marquis de Pombal est son ministre, et rend son administration célèbre. Il est attaqué par des assassins ; trois jésuites sont arrêtés comme complices ; un an après, il les expulse tous. Le Portugal éprouve en 1762, une invasion de la part des Espagnols, qui sont repoussés par le comte de la Lippe.

Marie, fille de Joseph, mariée à son oncle, est reconnue reine à la mort de son père ; elle détruit les établissemens créés par le marquis de Pombal, et laisse prendre aux Anglais un tel ascendant, que Lisbonne n'est que tributaire de Londres. L'esprit de cette princesse s'étant aliéné, le prince du Brésil, Jean, prend le gouvernement de l'Etat. Il prit part, depuis 1793, à la guerre contre la France ; Bonaparte l'en punit en le forçant de chercher un asile au Brésil, où il demeura, ainsi que sa famille, jusqu'en 1821, époque à laquelle il revint à Lisbonne, et jura une constitution libérale. Son fils don Pédro prit le nom de prince régent et protecteur constitutionnel du Brésil, et bientôt après, celui d'empereur.

Quelques temps après la mort de Jean VI, don Pédro céda la couronne de Portugal à dona Maria da Gloria sa fille. Don Miguel, nommé régent de sa nièce, usurpa le trône en 1828, il gouverne depuis cette époque.

BELGIQUE ET HOLLANDE.

APERÇU GÉNÉRAL. — DIVISION. — RÉUNIONS. — SUBDIVISION. —
HISTORIQUE.

Lorsque le droit de conquête décide seul du sort des peuples,
lorsque la force, plutôt que l'intérêt politique, fixe leurs limites,
ils portent long-temps les traces d'une sorte de malaise indéfi-
nissable. L'agglomération complète de nations étrangères les unes
aux autres, par les mœurs, le langage et les besoins, est une œuvre
que le temps peut accomplir lorsqu'il est aidé par de sages
institutions. Il est peu de pays où la constitution physique du
sol paraisse avoir plus d'influence sur le caractère et les mœurs
des habitans, que les provinces hollandaises. L'humidité
du climat les rend lourds, flegmatiques et lents ; ils sont rare-
ment affectés par de grandes passions ; mais leur apathie cesse
dès que leurs intérêts sont froissés. L'égoïsme est, dit-on, la
base de leurs actions, l'amour du gain leur premier stimulant.
Convenons cependant que ces deux défauts ont été les causes de leur
grandeur passée, de leurs richesses, de leur patriotisme, et que
l'économie est devenue une de leur vertu politique. Les provinces
belges tiennent, sous plusieurs rapports, de la Hollande et de la
France ; leur sol, moins bas que celui des provinces hollandaises,
et moins élevé que celui des départemens français limitrophes, est
moins humide que dans les premières, et mieux cultivé que
dans ceux-ci. Les villes y sont aussi-bien bâties qu'en France,
et aussi propres, aussi rapprochées qu'en Hollande. Les habitans
offrent plusieurs points de ressemblance avec les deux peuples qui
les séparent. Le Belge est aussi loyal, aussi ami de l'indépendance que le Hollandais ; mais par sa gaîté, par ses manières
polies, par sa générosité, par son amour pour le luxe et les cérémonies, il se rapproche du Français. Le grand duché de Luxembourg,
qui place les Pays-Bas dans la confédération germanique, est Français par ses sympathies, Français par le territoire de Bouillon qui
relevait de la France il y a plus de deux siècles, Français
par le souvenir de Louis XIV, qui augmenta les fortifications de

sa capitale, et qui la garda pendant plus de douze ans, est Français aussi par vingt ans de réunion à la France. Tels sont les élémens dont se composait la monarchie néerlandaise, la plus jeune des monarchies européennes. Un gouvernement sage aurait pu cependant donner de la consistance à ce corps formé de parties hétérogènes.

Les Pays-Bas se divisent en trois parties principales, qui sont: la Hollande, subdivisée en neuf provinces ; la Belgique, subdivisée en neuf provinces , en y comprenant le grand-duché de Luxembourg, qui n'en forme qu'une. Ces divers Etats avaient été érigés en royaume , par l'acte du congrès de Vienne en faveur de l'ancien stathouder, d'une partie de ces provinces ; une révolution vient de séparer de nouveau la Belgique de la Hollande.

Provinces comprises dans le royaume des Pays-Bas.

Les neuf provinces dans la Belgique , sont : le Brabant méridional, chef-lieu Bruxelles, capitale de toute la Belgique ; la Flandre occidentale, chef-lieu Bruges ; la Flandre orientale, chef-lieu Gand ; Anvers, chef-lieu Anvers ; Limbourg, chef-lieu Maëstricht ; le Hainaut, chef-lieu Mons ; Liége et Namur, avec des chefs-lieux de même nom. Le Luxembourg (comme nous l'avons déjà dit) ne forme qu'une province , dont le chef-lieu est Luxembourg.

Les neuf provinces dans la Hollande , sont : la Hollande proprement dite , chef-lieu Amsterdam, capitale de toute la Hollande. La Haye est la résidence ordinaire du roi et le siége de son gouvernement. Cette province se subdivise encore en septentrionale et méridionale. Utrecht, avec le chef-lieu de même nom ; Zélande, chef-lieu Middelbourg ; le Brabant septentrional , chef-lieu Bois-le-Duc ; Gueldre, chef-lieu Arnheim ; Over-Yssel , chef-lieu Zwoll ; Drenthe, chef-lieu Assen ; Groningue, chef-lieu Groningue ; Frise, chef-lieu Leuwarden.

Les Pays-Bas faisaient autrefois partie de la Gaule et de la Germanie , et furent une conquête des Romains. Les Francs s'en étant emparés au 5.ᵉ siècle, les Pays-Bas devinrent partie de la monarchie française , jusqu'à ce que la faiblesse des fils de Charlemagne autorisât des seigneurs particuliers à se les partager. Ils formèrent alors dix-sept souverainetés, sous les titres de comtés, duchés et seigneuries.

La plupart de ces provinces furent ensuite réunies, par diverses alliances, au domaine de la maison de Bourgogne. De cette maison, elles passèrent, en 1477, dans celle d'Autriche, par le mariage de Marie, héritière du dernier duc de Bourgogne, avec l'archiduc Maximilien ; et Charles-Quint, leur petit-fils, ayant acquis le reste de ces Etats, se trouva souverain de dix-sept provinces. Il les laissa à son fils Philippe II ; il lui abandonna aussi l'Espagne l'année suivante ; mais la tyrannie de ce dernier, qui voulait établir l'inquisition, et les odieuses vexations du duc d'Albe qu'il envoya pour gouverneur, révoltèrent les habitans.

Sept de ces provinces, en ne comptant toutefois que pour une la partie septentrionale du duché de Gueldre et le comté de Zutphen, s'unirent pour la défense commune, et mirent à leur tête, sous le titre de stathouder, c'est-à-dire, gardien du pays, Guillaume de Nassau, prince d'Orange.

Sous ce chef, avec le secours de la France et de l'Angleterre, elles se défendirent si bien, que les Espagnols, après avoir vaine-ment tenté de les réduire, furent obligés de les reconnaître pour une république indépendante, sous le nom de Provinces-Unies, que l'on nomma aussi république de Hollande, du nom de la principale province.

Les autres provinces subjuguées par le duc d'Albe, furent nommées Pays-Bas Espagnols. Les Hollandais leur enlevèrent bientôt des villes en Brabant, en Flandre et en Limbourg ; ils enlevèrent aussi Maëstricht à l'évêque de Liége : ces conquêtes prirent le nom de pays de généralité. La France, au 17.e siècle, s'empara d'une partie du comté de Flandre, de celui du Hainaut, du Luxembourg et de tout l'Artois : ces pays furent nommés Pays-Bas Français. En 1714, ce qui restait aux Espagnols fut cédé à l'Autriche, et prit le nom de Pays-Bas Autrichien : ces pro-vinces, après d'inutiles tentatives pour se soustraire à la domi-nation autrichienne, ont été cédées, en 1797, à la France, qui les avait conquises en 1792, qui se fit céder aussi, par la Hollande, le pays de généralité.

Quant aux Provinces-Unies, elles éprouvèrent l'influence de la révolution française. En 1794, le stathouder étant entré dans la coalition contre la république française, la Hollande fut envahie au milieu de l'hiver, le stathoudérat aboli, et la république constituée en république batave, alliée de la république française.

Mais en 1806, Bonaparte en fit un royaume en faveur de Louis l'un de ses frères ; quatre ans après, il le lui ôta, et divisa le royaume en départemens, qu'il réunit à la France le 9 Juillet 1810 ; mais en 1815, après le rétablissement du stathouder par l'acte du congrès de Vienne, la Hollande a été réunie à la Belgique, pour ne former qu'un seul royaume, sous le nom de royaume des Pays-bas ; et Guillaume-Frédéric d'Orange Nassau régnait sur ces pays depuis cette époque. Une révolution vient de réduire ses possessions continentales à la Hollande, et la Belgique a élu pour son souverain Léopold de Saxe-Cobourg, le 9 Juillet 1831.

Puissent les Belges et les Hollandais être heureux ! Les plaintes respectives de ces deux peuples ne doivent point être examinées dans ce faible aperçu ; nous laissons à l'avenir le soin de lever le voile qui cache leur destinée.

SUISSE.

COMMENT dépeindre les sensations que l'on éprouve à la vue des sites pittoresques qui font de la Suisse l'une des plus belles contrées de l'Europe ? Ce contraste de la verdure et des frimas , de ces forêts silencieuses et du fracas des cascades ; ces grands tableaux d'une nature gigantesque, au milieu desquels l'homme paraît un être si chétif, offrent dans leur description autant de difficultés pour le peintre que pour l'écrivain.

La Suisse se divise en vingt-deux cantons ; treize de ces cantons formaient le corps helvétique , complétement reconnu en Europe en 1648, bien que commencé en 1308. Parmi ces treize cantons , huit portaient le nom d'anciens , et cinq de nouveaux. Le premier consul Bonaparte , par sa médiation en 1803 , fit adjoindre six nouveaux cantons ; enfin lors du congrès de Vienne en 1815 , la république helvétique fut obligée d'admettre trois nouveaux cantons , qui prirent le nom de cantons forestiers.

* Cantons compris dans la République Helvétique.

Uri , chef-lieu Altorf ; Schwitz , chef-lieu Schwitz , et Underwald , chef-lieu Stanz , ont la gloire d'avoir fondé la liberté Suisse , comme ayant commencé la confédération en 1308. Zurich , chef-lieu de même nom , se confédère en 1351. Glaris , Zug et Lucerne, chefs-lieux de même nom, se confédèrent en 1352. Berne , chef-lieu Berne, se confédère en 1353. Fribourg et Soleure , chefs-lieux de même nom , sont admis en 1481. Bâle et Schaffouse , chefs-lieux de même nom , sont admis en 1501. Appenzell , chef-lieu Appenzell , est admis en 1513. Les six cantons admis en 1803 , par la médiation de Bonaparte , sont : Saint-Gall , chef-lieu Saint-Gall ; Grisons , chef-lieu Coire ; Argovie , chef-lieu Arau ; Thurgovie, chef-lieu Frauenfeld ; Tessin , chef-lieu Bellinzone ; Vaud , chef-lieu Lausane. Les trois cantons forestiers sont Valais , chef-lieu Sion , qui avait été réuni à l'empire français en 1810 ; Neuchâtel , chef-lieu de même nom, conquis sur le roi de Prusse en 1805 , par le grand Napoléon ; Genève , chef-lieu de même nom, réuni à la France en 1798 , et qui formait depuis le département du Léman.

La Suisse, nommée anciennement Helvétie, du nom des Helvétiens, un des principaux peuples qui l'habitaient, après avoir fait partie de la Gaule du temps des Romains, et de la France sous les rois de la première race, fut réunie à l'Allemagne, et partagée, comme les autres parties de cet empire, entre différens souverains. L'empereur Albert I.er , fils de Rodolphe de Hasbourg , voulant soumettre entièrement les cantons de Schwitz, d'Underwal et d'Uri , qui conservaient encore un reste de liberté, les traita fort durement pour les porter à la révolte, et avoir par là occasion de les subjuguer; il y établit des gouverneurs qui agirent , suivant ses vues , de la manière la plus tyrannique. Gessler , un de ces gouverneurs , poussa l'insolence jusqu'à vouloir faire rendre à son bonnet placé au haut d'une pique , les mêmes honneurs qu'à sa personne. Guillaume Tell désobéit , et fut condamné à mort ; mais le gouverneur lui fit grâce , à condition que Tell , qui était un archer très-adroit , abattrait d'un coup de flèche une pomme posée sur la tête de son fils. Il tira en tremblant , et eut le bonheur de réussir. Gessler apercevant une seconde flèche entre ses mains , lui demanda à quoi elle était destinée : A te frapper , dit le père , si j'avais blessé mon fils. Gessler ordonne qu'on charge de fers Guillaume Tell , et le fait mettre à bord d'une barque , pour le transporter dans un château situé près du lac de Lucerne. Gessler s'embarqua lui-même avec la victime pour être témoin de l'exécution de ses ordres. Dans le trajet, il s'éleva une tempête des plus violentes; le danger devint pressant , et la barque touchant au moment d'être brisée contre des rochers, on ne vit d'autre moyen d'échapper au péril, que de délier Guillaume Tell , et de le mettre au gouvernail. On le fit , et autant par sa force que par son intelligence, il amena le bateau au voisinage d'un rocher près du lac. Soudain il s'élance , repousse la barque du pied au milieu des flots, et se jette dans les montagnes ; les autres abordèrent néanmoins, mais avec peine. L'adroit arbalétrier devance Gessler sur le rivage où il devait diriger ses pas, l'y attend, s'y embusque, et à l'instant où il paraît, lui décoche un trait qui l'étend mort. On a élevé une chapelle mémorative au bord du lac de Lucerne, à l'endroit où Guillaume Tell s'élança sur le rivage; elle est ouverte en portique, et on l'entretient avec le plus grand soin.

Ne frémirait-il pas d'indignation ce courageux Tell, s'il avait vu dans son pays des hommes assez lâches pour favoriser ces mêmes Autrichiens dont il les avait affranchis ?

Trois des principaux habitans des cantons suisses, Melchtad, Stauffager et Vultherfurst, s'étaient déjà confédérés pour la défense de la liberté ; l'exemple de Guillaume Tell les encouragea, ils se l'associèrent, et secondés par leurs concitoyens, s'emparèrent de tous les châteaux ; les trois cantons formèrent aussitôt une ligue pour dix ans à Altorf en 1308. Albert projetait de s'en venger, lorsqu'il fut assassiné par Jean, duc de Souabe, son neveu ; c'était la peine de son injustice, car il avait dépouillé ce prince de ses Etats, sous prétexte de les lui conserver. Cette circonstance donna aux cantons le temps de prendre des mesures : le duc Léopold, fils d'Albert, voulut les réduire par la force ; il les attaqua avec une armée de vingt mille hommes ; mais les Helvétiens les taillèrent en pièces à la bataille de Morgenten, quoiqu'ils ne fussent qu'au nombre de quinze cents ; ils firent alors une alliance perpétuelle, et prirent le nom de Suisses en mémoire de l'heureuse bataille qui assurait le fondement de la liberté. Cette confédération date de l'année 1315, et les autres cantons y entrèrent successivement. La maison d'Autriche fit pendant long-temps de grands efforts pour recouvrer la domination sur les Suisses ; mais elle ne put y parvenir, et la confédération helvétique fut généralement reconnue libre et indépendante en 1648, au traité de Westphalie.

Dans les différentes guerres que les Suisses ont eu à soutenir, ils se sont emparés de plusieurs Etats ; de là sont venus leurs sujets. D'autres Etats voyant la puissance à laquelle les Suisses étaient venus, se sont mis sous leur protection ; de là sont venus leurs alliés ; elle consistait, en 1789, en treize cantons fédérés, leurs alliés et leurs sujets.

La Suisse, après bien des troubles et des révolutions qui

ont tout-à-fait changé son état ancien , a pris enfin sous la médiation du premier consul, en 1803 , une assiette nouvelle, et consacré une constitution qui doit assurer son repos et sa prospérité. Le premier consul imposa pour base , 1.º l'égalité des droits et l'abandon des priviléges ; 2.º l'organisation de chaque canton, suivant sa localité et ses intérêts propres ; 3.º l'adjonction de six nouveaux cantons, en grande partie ci-devant sujets des premiers cantons. Ces mesures furent si impartialement arrêtées, si franchement exécutées, qu'en peu de temps la Suisse retrouva son repos, et que la masse de la population s'attacha sincèrement à son organisation nouvelle, si bien qu'en 1814, lorsqu'on réclama d'eux l'ancien ordre de choses , ils ne voulurent point s'y prêter, se contentant d'autoriser quelques légères modifications, et d'adjoindre trois nouveaux cantons. Tous ces cantons sont souverains ; ils ont chacun leur constitution et leurs lois, qu'ils se garantissent ainsi que leur territoire ; leur union ou souveraineté collective, a pour but le maintien de l'indépendance, la résistance à l'étranger et la paix au-dedans.

La diète fédérale se compose des députés nommés par tous les cantons, chaque canton ayant une voix ; elle se réunit deux ans de suite alternativement, à Zurich, Berne et Lucerne, pour régler les affaires communes ; et lorsqu'elle n'est pas réunie, elles sont confiées à l'un de ces trois cantons, qui prend alors le titre de canton directeur ou de directoire fédéral.

ITALIE.

Si les contrées pittoresques de l'Allemagne, les grands événe-mens dont elle fut le théâtre, les souvenirs historiques qui s'y rattachent, les mœurs de ses habitans, leur caractère particu-lier, leur amour pour les sciences et la philosophie, offrent de l'intérêt dans leur description ; si l'on ne peut voir d'un œil indifférent les belles vallées et les hautes montagnes de la Suisse, seul pays de l'Europe où les mœurs patriarcales se soient conser-vées, quelle doit être notre admiration à la vue du ciel azuré, des sites enchanteurs, des souvenirs classiques et des chefs-d'œuvre des arts de la belle Italie ? A peine arrivés sur le versant méri-dional des Alpes, nous verrons changer tout à coup la végétation, les hommes et les usages. Il semble qu'un climat favorable au laurier, au myrte et à l'olivier, porte l'homme à l'amour de la gloire et aux bienfaits de la civilisation. L'Italie n'a-t-elle point produit le peuple qui fut le maître du monde ? Les poëtes et les écrivains qui l'ont éclairée, les arts qui y furent portés par les Grecs, n'en ont-ils point fait jadis le pays le plus civilisé de l'Europe ? Et lorsque la barbarie eut étendu son sceptre de fer sur cette partie du monde, ne vit-on point l'Italie, du temps même des croisades, redevenir l'asile des lumières, qui se répan-dirent ensuite sur nos contrées ? La superstition, les moines et la misère, ont, il est vrai, établi leur empire dans ce pays ; mais l'Italie est encore la plus belle portion de l'Europe.

L'Italie se divise en sept Etats, qui sont : ceux du roi de Sar-daigne, capitale Turin. Le royaume Lombard-Vénitien, capitale Milan. Le grand-duché de Toscane, capitale Florence. Les Etats de l'Eglise, capitale Rome. Le royaume des deux Siciles, capitale Naples. Les duchés de Parme et de Modène, avec des capitales de même nom.

— 64 —

De toutes les provinces romaines , l'Italie a été la plus malheureuse et la plus souvent envahie , comme si ce pays eût dû
racheter sa fortune passée , ou expier l'esclavage qu'elle avait
imposé au reste de la terre. L'empire romain s'y éteint sous
Augustule , vers la fin du 5.ᵉ siècle. Il est renversé par les
Hérules , conduits par Odoacre l'an 476 , qui le sont à leur tour
par Théodoric , chef des Ostrogoths , l'an 493 ; ceux-ci sont
détruits par Narcès l'an 553 , qui avait conquis l'Italie pour les
empereurs d'orient. Il la gouverna pendant quinze ans avec le
titre de duc. A la mort de ce général , les Lombards fondent
un nouvel empire dans le nord de l'Italie. Ce qui resta aux
empereurs fut surveillé par des gouverneurs nommés exarques:
ils faisaient leur résidence à Ravenne. Charlemagne fit disparaître
les Lombards , en détrônant Didier leur dernier roi ; il les rem-
place par le second empire d'occident. A la chute de celui-ci ,
l'Italie demeure en proie à la plus cruelle anarchie. Alix ou
Adélaïde , veuve du dernier empereur , roi d'Italie , gémissait
dans les fers d'un usurpateur. Les exploits du prince Othon-le-
Grand retentirent jusqu'au fond de sa prison ; elle lui fit proposer
ses Etats et sa main , s'il voulait venir à son secours. Othon
traverse les Alpes , vole auprès d'elle , la délivre , l'épouse , et se
fait couronner roi d'Italie. C'est ainsi que ce royaume tombe sous
la domination des empereurs d'Allemagne : leur pouvoir fut absolu
tout le temps de la famille de Saxe ; mais il fut grandement
ébranlé sous celle de Franconie , et totalement détruit sous celle
de Souabe , par les intrigues et la politique des papes , qui , redoutant des voisins aussi puissans , les enveloppèrent d'embarras
perpétuels au-dedans et au-dehors. Cette fameuse querelle entre
les empereurs et les papes , si connue sous le nom de guerre du
sacerdoce , ou des Guelphes et des Gibelins , continua trois siècles ,
durant lesquels l'Italie , après toutes les horreurs et les misères
du fanatisme , de l'anarchie et des guerres civiles , prit à peu-près
la forme politique que nous lui voyons aujourd'hui.

Division des Etats qui composent l'Italie ; commencement ou
origine de ces divers Etats ; changemens qui y ont eu lieu.

1.ᵒ Les Etats du roi de Sardaigne sont partagés en huit divisions
ou intendances , subdivisées chacune en plusieurs provinces. On
divise encore assez communément les Etats sardes en cinq parties ,

qui sont : le Piémont, capitale Turin. La Savoie, capitale Chambéry. Le comté de Nice, capitale Nice. Le duché de Gênes, capitale Gênes. L'Ile de Sardaigne, capitale Cagliari.

Ces cinq Etats n'ont pas toujours été possédés par la maison de Savoie ; par les suites de la révolution de 1789, elle en perdit trois, ce qui la réduisit à la Sardaigne. En 1815, par le traité de Vienne, non-seulement elle reprit toutes les parties de son ancien royaume, mais elle s'accrut encore du duché de Gênes, qui anciennement formait une république. Ce pays s'était donné et avait été réuni à la France en 1805.

Divisions comprises dans le royaume de Sardaigne.

La division de la Savoie renferme huit provinces : celle de Turin en renferme cinq, celle de Coni quatre, celle d'Alexandrie six, celle de Novare six, celle d'Aoste une, celle de Nice trois, celle de Gênes sept, ce qui fait quarante provinces pour le territoire continental. Il y a de plus l'île de Sardaigne, qui se divise en dix provinces ; or, les Etats de cette maison se divisent en cinquante provinces, renfermant quatre-vingt-quatorze villes, non compris les bourgs villages et hameaux.

Les rois de Sardaigne remontent à l'ancienne maison de Savoie, qui était de celle de Saxe. Le plus anciennement connu est Bérald ou Bérold, qui fut créé vicaire de l'empire par l'empereur Henri II. Nous ne résumerons que les règnes des souverains dont l'histoire peut offrir quelque intérêt dans l'étude générale de l'Europe.

Les souverains de la Savoie forment trois degrés successifs d'élévation et de pouvoir.

Les premiers princes de cette maison n'étaient que comtes de Maurienne. Pendant près de quatre cents ans, ils ne portèrent d'autres titres. Ce fut Amédée II, qui, très-attaché à l'empereur Henri V, en reçut le titre de comte de l'empire ; après lui, Amédée VIII, qui reçut de l'empereur Sigismond le titre de duc. On ne doit pas laisser oublier, comme un des premiers titres à sa gloire, qu'au lieu de donner de grandes fêtes pour célébrer son nouveau titre, il exerça ses bienfaits sur une ville qui venait d'être réduite en cendres. Outre plusieurs priviléges, il l'exempta de tous droits. Il abdiqua la couronne une quinzaine d'années après, et se retira au prieuré de Ripaille qu'il avait fondé près du lac de Genève ; il y vécut dans les délices, avec six chevaliers qu'il avait créés : de là, l'emploi de cette expression pour exprimer les excès de la table. Devenu ermite, ce même prince fut appelé, par le concile de Bâle, à la chaire de saint Pierre, pour y remplacer Eugène IV, déposé. Amédée prit alors le nom de Félix V, qu'il abandonna ensuite, voulant prévenir les funestes effets qui pourraient résulter de ce schisme. Son fils Louis, qui avait eu d'abord le titre de lieutenant-général, lui succéda sous celui de roi.

Philibert I.ᵉʳ, fils d'Amédée IX, ne régna que sous la tutelle de sa mère ; il mourut d'un excès de chasse ; son frère Charles, qui fut son successeur, fut un prince guerrier : il acquit le marquisat de Saluces, et prit le titre de roi de Chypre, dont il ne posséda jamais la couronne. Quelques-uns des règnes suivans n'offrent rien d'intéressant ; aussi les abandonnons-nous pour passer à celui de Charles-Emmanuel I.ᵉʳ, qui soutint une guerre contre la France, dans laquelle il fut battu, s'étant ensuite lié avec elle contre l'Espagne, ses troupes furent mises en déroute. Soutenu par Louis XIII, il cherchait à le trahir ; le roi de France s'en étant aperçu, lui déclara la guerre. Ayant alors perdu une partie de ses Etats, il en mourut de chagrin ; son caractère ambitieux et faux ne lui fit nulle part de véritables amis. Les règnes de son fils et de son petit-fils furent agités par les guerres de la France avec l'Espagne. Sous son second petit-fils, la tranquillité reparut. Il protégea les arts et le commerce.

Nous atteignons enfin la troisième époque de la maison de Savoie, celle où la fortune élève ses princes du titre de ducs, qu'ils avaient portés trois cents ans, à celui de rois ; c'est ainsi qu'ils furent précipités dans l'abîme des revers.

Victor-Amédée II est le premier roi de Saxe et le vrai fondateur de la monarchie sarde. Après le traité d'Utrecht, il prit le titre de roi de Sicile. Cette île lui ayant été prise par l'Espagne, il reçut la Sardaigne avec le titre de roi. Son règne fut constamment agité ; aussi abdiqua-t-il en faveur de son fils Charles-Emmannel III, qui augmenta ses Etats, mit de l'ordre dans les finances ; en un mot, travailla au bonheur de ses sujets.

Sous le règne de son fils et successeur Victor-Amédée III, la Savoie et le comté de Nice furent détachés de ce royaume, pour être réunis à la couronne de France. Charles-Emmanuel IV, réduit à la Sardaigne, céda la couronne à son frère Victor-Emmanuel : celui-ci hors de contact avec le continent, ne prit aucune part aux opérations militaires. La chute de l'empereur Napoléon lui permit de rentrer à Turin, et par les traités de Paris et de Vienne, il obtint non-seulement la totalité de ses anciens Etats, mais il reçut encore le territoire de la république de Gênes. Il mourut en 1821; Charles-Félix, son frère, lui succéda. Le roi régnant aujourd'hui, est Charles-Albert, autre frère.

Gênes est peut-être la ville d'Italie qui a éprouvé le plus de révolutions, et celle dont les habitans ont témoigné le plus d'inconstance. Dans le court intervalle d'une trentaine d'années, on compte jusqu'à douze différens modes de gouvernemens qu'elle a successivement essayés; c'est en lisant cet épisode de son histoire, qu'on puise l'amour de l'ordre et l'horreur des factions.

2.° Le royaume Lombard-Vénitien se divise en deux gouvernemens, le gouvernement de Milan, capitale Milan, et celui de Venise, capitale Venise. Ces deux parties forment dix-sept délégations, dont neuf pour celui de Milan, et huit pour celui de Venise. Le gouvernement de Milan avait été détaché des possessions de la maison d'Autriche par le traité de Lunéville qui l'avait réuni au royaume d'Italie. Celui de Venise, qui anciennement formait une république, fut partagé entre la république italienne et la maison d'Autriche, par le traité de Campo-Formio, confirmé par celui de Lunéville. Le traité de Presbourg, en 1805, le réunit tout entier au royaume d'Italie; mais en 1814, l'Autriche, en recouvrant ses Etats, s'est accrue du pays de Venise.

** Délégations comprises dans le royaume Lombard-Vénitien.*

Dans le gouvernement de Milan : Sondrio, Come, Milan, Pavi, Lodi, Bergame, Brescia, Crémone, Mantoue, avec des chefs-lieux de même nom. Dans le gouvernement de Venise : Vérone, Padoue, Vicence, Belluno, Trévise, Venise, avec des chefs-lieux de même nom; et Polésine, chef-lieu Rovigo; Frioul, chef-lieu Udine. Cette partie de l'Italie renferme quarante-une villes, non compris les bourgs, villages et hameaux.

Après les terribles ravages causés par les Gibelins et les Guelfes, Milan tomba dans la famille des Visconti, dont elle reçut plusieurs souverains. Louis XI n'ayant point permis au duc d'Orléans, depuis Louis XII, de faire valoir ses droits à cet héritage lors de la mort de la dernière princesse, François Sforce, fils d'un soldat de fortune, s'en saisit, et ses descendans le conservèrent. Enfin à l'extinction de cette race, Charles-Quint en donna l'investiture à Philippe II son fils. Depuis ce souverain, Milan tomba sous la domination espagnole. Lorsque celle-ci a été démembrée au traité d'Utrecht en 1713, le Milanais échut en partage à la maison d'Autriche allemande, qui le laissa, par mariage, à celle de Lorraine. Celle-ci l'a perdu par le traité de Lunéville. Depuis 1814, réuni au territoire de Venise, il forme le royaume Lombard-Vénitien.

Mantoue, par l'anarchie cruelle qui désola l'Italie, tomba sous la domination des Gonzagues ; dans la guerre de la succession d'Espagne, le dernier duc ayant pris parti pour la France, l'empereur Joseph I.er le mit au ban de l'empire, confisqua ses Etats, et les réunit à la monarchie autrichienne. Il suivit depuis les destinées de Milan.

Venise, qui devait son origine aux invasions répétées des Barbares dans le 5.e siècle, était le plus ancien Etat de l'Italie. Quelques habitans timides s'étant réfugiés, à l'approche des Barbares, dans les îles voisines de l'embouchure du Pô, ils y bâtirent d'abord de simples cabanes, et s'y occupèrent de la pêche. Insensiblement l'industrie et le commerce transformèrent ces cabanes en palais, ces barques en vaisseaux, et Venise se trouva quelque temps la ville la plus riche et la plus florissante de l'Europe. Son histoire présente trois époques remarquables :

1.° Lorsque son dernier gouvernement fut établi en 1247 ;

2.° Lorsque l'Europe se ligua contre elle à Cambrai en 1508 ;

3.° Enfin, lors de la fameuse conspiration de 1618, où les conjurés avaient résolu de massacrer les gouvernans, de brûler la ville et renverser la république, les vaisseaux qui devaient en seconder l'exécution, et s'emparer des ports, n'arrivèrent pas, ce qui empêcha la réussite de leur complot. La conspiration étant découverte, plusieurs Espagnols qui y avaient pris part d'après l'avis de leur ambassadeur, ainsi que plusieurs Français, furent noyés.

Cette république a disparu du monde politique par le traité de Campo-Formio en 1797, confirmé en 1801 par celui de Lunéville, qui l'abandonna à la maison d'Autriche. Le traité de Presbourg, en 1805, l'avait réunie toute entière au royaume d'Italie ; mais l'Autriche en 1815, par l'acte du congrès de Vienne, non-seulement a recouvré ses Etats, mais encore s'est accrue du pays de Venise.

3.° Les Etats de l'Eglise sont partagés en treize délégations, savoir: Bologne, Ferrare, Ravenne, Forli, Pesaro et Urbino, Macerata et Camerino, Fermo et Ascoli, Spoleto et Rieti, Viterbe et Civita-Vecchia, (cette délégation comprend la ville et le territoire de Rome) Ancône, Pérouse ; plus, Frozinone et Ponte-Corvo, Bénévent, enclavés dans le royaume de Naples. En 1797, le Pape perdit trois de ses provinces ; le reste de ses Etats fut réuni au royaume d'Italie en 1808 ; mais en 1814 et 1815, par le traité de Paris et de Vienne, le pape reçut toutes ses anciennes provinces. Ses Etats forment quatre-vingt-dix villes, non compris les bourgs, villages et hameaux.

Astolphe, roi des Lombards, fit en 752 la conquête de la partie d'Italie qui avait restée aux empereurs. À la mort de Narcès, Pepin, roi de France, la lui fit rendre, et la donna à l'église de Rome. Charlemagne renouvela le don de Pepin, après avoir mis fin au royaume des Lombards ; ainsi fut fondée la puissance temporelle des papes, qui a été accrue depuis, ou diminuée suivant le génie des pontifes, et celui des temps et des circonstances. Le traité de Campo-Formio enleva au pape trois de ses provinces, pour les donner au royaume d'Italie ; les autres lui furent enlevées en 1809 ; mais en 1815, par l'acte du congrès de Vienne, eut lieu la réintégration du pape et la restitution de ses Etats.

4.° Le royaume des Deux-Siciles comprend deux parties principales : le royaume de Naples sur le continent, se divisant en quinze provinces, Naples en est la capitale, et la Sicile, se divisant en sept, la capitale de cette île est Palerme. La dynastie des Bourbons fut réduite, depuis la révolution de 89, à la Sicile ; alors le royaume de Naples forma un Etat séparé. Joseph Napoléon fut nommé, par son frère, roi de ce nouveau royaume ; deux ans après, étant parvenu au trône d'Espagne, il fut remplacé par Joachim Murat. Ferdinand se soutient en Sicile avec le secours des Anglais, et rentre dans tous ses Etats en 1814, par l'acte du congrès de Vienne.

Provinces comprises dans le royaume des Deux-Siciles.

Dans le royaume de Naples : Naples, chef-lieu Naples ; la Terre de Labour, chef-lieu Capoue ; la Principauté citérieure, chef-lieu

Salerne ; la Principauté ultérieure, chef-lieu Avellino ; l'Abruzze ultérieure première, chef-lieu Téramo ; l'Abruzze ultérieure seconde, chef-lieu Aquila ; l'Abruzze citérieure, chef-lieu Chiéti ; la Capitanate, chef-lieu Foggia ; Sannio ou Molise, chef-lieu Campobasso ; la Terre de Bari, chef-lieu Bari ; la Terre d'Otrante, chef-lieu Tarente ; la Basilicate, chef-lieu Potenza ; la Calabre citérieure, chef-lieu Cosenza ; la Calabre ultérieure première, chef-lieu Reggio ; la Calabre ultérieure seconde, chef-lieu Catanzaro. Les sept provinces ou intendances comprises dans la Sicile, sont : Palerme, Trapani, Girgenti, Caltanisetta, Catane, Messine, avec des chefs-lieux de même nom, et Saragosse, chef-lieu Syracuse. Le royaume des Deux-Siciles renferme six cents soixante-seize villes, non compris les bourgs, villages et hameaux.

Il n'est peut être pas de pays qui ait éprouvé plus de révolutions et de changemens dans la suite de ses souverains, que le royaume de Naples et de Sicile.

Le midi de l'Italie, après avoir eu sa part des révolutions et des déchiremens de cette presqu'île malheureuse, se forme enfin, vers la fin du 11.⁰ siècle, en une puissance régulière, qui est descendue jusqu'à nous sous le nom de royaume des Deux-Siciles.

Cette puissance dut son origine aux enfans de Tancrède de Hauteville, noble Normand, descendu de Rollon I.ᵉʳ, duc de Normandie. Leurs exploits sur les Sarrasins fondèrent plusieurs principautés ; elles se réunirent, en grande partie, sur Roger, deuxième fils de Roger I.ᵉʳ, petit-fils de Tancrède, qui se fit couronner en 1130, et prit les titres de roi de Sicile, duc de la Pouille et prince de Capoue : il mourut l'an 1154. Sa maison donne cinq souverains : celle de Souabe, qui lui succède par mariage et par conquête, en donne quatre. Celle-ci est chassée et détruite par la première maison d'Anjou, appelée par les papes, qui étaient les seigneurs suzerains de Naples et de Sicile. Mais alors ces deux couronnes se séparent : la maison d'Anjou ne règne que sur Naples, et celle d'Aragon, poursuivant les droits de Constance, fille de Mainfroy, s'empare de la Sicile à la faveur des vêpres siciliennes.

La maison d'Anjou donne sept souverains à Naples : l'un d'eux, Jeanne, adopte la seconde maison d'Anjou en France, au préjudice de sa propre branche ; mais Durazzo son cousin la fait étrangler , et lui succède. Alors il se trouve deux maisons d'Anjou qui portent également le titre de roi de Naples , la première , qui continue à régner effectivement , et la seconde , qui n'est que titulaire.

A l'extinction de la première . Alphonse V , roi d'Aragon et de Sicile , se saisit de Naples , et réunit de nouveau ces deux couronnes séparées , depuis long-temps : il les laissa à Ferdinand son fils naturel ; mais cet héritage lui est disputé par les rois de France, qui avaient recueilli les prétentions de la maison d'Anjou , et par ceux d'Aragon , les héritiers légitimes d'Alphonse V. Alors commencèrent les fameuses expéditions de Charles VIII et de Louis XII. Celui-ci conquiert Naples de concert avec Ferdinand-le-Catholique ; ils se battent ensuite tous deux pour le partage , et le roi d'Aragon en demeure seul maître.

A la mort de ce prince les Deux-Siciles suivent le sort de la monarchie espagnole , et tombent , par mariage , dans la maison d'Autriche.

Sous cette maison , Naples , accablé d'impôts , fait éclater une révolte fameuse en 1647 ; et la Sicile , poussée à bout par la dureté du gouvernement , en fait autant en 1674 ; elle se jeta dans les bras de la France , qui la secourut , pendant quelques temps , d'hommes , de vaisseaux et d'argent , et finit par l'évacuer entièrement en 1678 , et la laissa retomber au pouvoir de ses maîtres.

A l'extinction de la branche espagnole , le traité d'Utrecht donne Naples à la branche allemande , et la Sicile au duc de Savoie ; mais en 1719 , par un nouvel arrangement , le duc de Savoie reçoit la Sardaigne en échange , et la couronne de Sicile est encore de nouveau réunie à celle de Naples.

Enfin , en 1735 , le traité de Vienne ôte ce royaume à la maison d'Autriche , pour le donner à don Carlos , fils de Philippe V , auquel on ôtait Parme et la Toscane , dont il était héritier par sa mère. Don Carlos étant parvenu , par la mort de ses frères , au trône d'Espagne , et les termes du traité n'admettant pas l'union de ces deux royaumes , il remit le royaume de Sicile à Ferdinand , son second fils , qui l'a occupé jusqu'en 1806. Les Français , à cette époque , en ayant fait la conquête , Joseph Napoléon fut proclamé roi ; mais ce prince ayant été appelé , en 1808 , au trône d'Espagne , le grand-duc de Berg et de Clèves , Joachim Napoléon , fut nommé roi de Naples. En 1815 , par l'acte du congrès de Vienne , eut lieu la restauration de l'ancienne dynastie dans la personne de Ferdinand IV.

5.° Le grand-duché de Toscane se divise en cinq provinces, qui sont : celles de Florence , de Pise , de Sienne , de Arezzo , de Grosseto , avec des chefs-lieux de même nom. Le souverain de cet Etat fut , par les suites de la révolution française , transporté en Allemagne, et son duché réuni à la France; mais en 1814 eut lieu la réintégration de l'ancien grand-duc ; cet Etat comprend trente-six villes, non compris les bourgs , villages et hameaux.

Le duché de Lucques, gouverné par une infante d'Espagne , sera réuni , à sa mort , au grand-duché de Toscane; il comprend deux villes , non compris les bourgs, villages et hameaux.

Après des révolutions sans nombre et des commotions perpétuelles , Florence et la Toscane trouvèrent le repos et le bonheur sous l'administration d'une famille qui parvint au gouvernement par ses richesses et ses talens : ce fut celle des Médicis , à jamais mémorable par sa magnificence et son amour pour les arts ; cette famille régna bien long-temps à Florence par son crédit , avant d'y régner par ses titres. Avant son extinction, un arrangement politique en Europe fit donner ce pays à la maison de Lorraine , qui l'a possédé jusqu'à la révolution de 89 , époque à laquelle il est devenu, sous le titre de royaume d'Etrurie , l'apanage de la branche de Bourbon qui régnait à Parme. En 1808 , l'Etrurie fut réunie à l'empire français, et en 1809 , constituée en gouvernement général ; mais en 1815 eut lieu la réintégration de son ancien grand-duc qui avait régné en Allemagne. Son fils régnant aujourd'hui, se nomme Léopold-Jean. Il est monté sur le trône en 1823.

6.° Le duché de Parme ne comprend que deux villes principales , Parme et Plaisance. Le souverain de ce duché fut transporté par les suites de nos révolutions en Toscane , avec le titre de roi d'Etrurie , et son duché réuni à la France. Parme est maintenant l'apanage viager de Marie-Louise , veuve de Napoléon-le-Grand. Il doit retourner aux Bourbons de Parme , déjà nantis de Lucques et Piombino. Ce duché renferme six villes , non compris les bourgs , villages et hameaux.

Paul III , de la maison de Farnèse , donna ce pays , en 1545 , à son fils , qu'il avait eu avant de devenir pape ; sa maison l'a possédé jusqu'à son extinction en 1731 , qu'il passa à l'empereur Charles VI , à l'exclusion de don Carlos , qui en était l'héritier par sa mère. Le traité d'Aix-la-Chapelle le rendit à une infant d'Espagne , et sa descendance l'a occupé jusque vers la fin du 18.ᵉ siècle ; depuis , par un traité particulier , l'infant don Louis a été transporté en Toscane avec le titre de roi.

7,° Le duché de Modène ne comprend que deux villes principales , Modène et Reggio. Ce duché fut réuni à la république italienne par les suites de nos révolutions , et son souverain transporté en Allemagne dans le Brisgaw ; mais en 1814 , ce duché fut rendu au duc de Modène : il comprend huit villes , non compris les bourgs , villages et hameaux.

Le duché de Massa-Carrara doit revenir au duc de Modène à la mort de la mère du duc , qui en a aujourd'hui la souveraineté : il comprend trois villes , non compris les bourgs , villages et hameaux.

Modène , ainsi que la plupart des Etats de l'Italie , doit son origine à l'anarchie de ce royaume. Si l'on se pénètre de l'idée de tous les crimes dont l'homme est capable lorsque sa cruauté est mise en action par l'ambition ou par le fanatisme , si même on sait de quelle manière les Russes se comportèrent en Italie , on aura le tableau de ce qui se passait dans les temps dont je parle. Je ne crois pas que l'on trouve sur la terre un pays où il se soit commis plus d'horreur. Il serait inutile de se représenter cette foule innombrable de crimes ; il suffit de dire que l'histoire de Modène ne devient intéressante qu'à l'élévation de la maison d'Est , une des plus illustres de l'Europe. Le duché de Modène a appartenu à un prince de la maison d'Autriche. Cette famille en ayant été dessaisie depuis , le duché de Modène fut attaché à la république italienne ; les droits de son souverain et de ses successeurs furent transportés dans le Brisgaw en Allemagne , et son duché réuni à la France ; mais en 1814 eut lieu la réintégration de son ancien duc.

PRUSSE.

APERÇU GÉNÉRAL. — DIVISION. — RÉUNIONS. — SUBDIVISION. — HISTORIQUE.

DES contrées qui n'avaient jamais appartenu à la Prusse, sont devenues à l'époque des derniers traités l'apanage de cette puissance ; et tandis que dans ces traités on semblait vouloir rétablir, comme pour ramener un temps à jamais loin de nous l'ancienne balance européenne, un prince replacé sur le trône de ses ancêtres au nom de la légitimité, vit, au mépris de ce principe, une ville bâtie par Louis XIV, passer sous la domination prussienne. Les Etats de cette monarchie, plus brillants que jamais, devinrent tout à coup limitrophes de la France humiliée et déchue ; il semblait qu'on voulait punir celle-ci d'avoir osé, sous un chef conquérant, dicter des lois aux souverains, fonder des royaumes et protéger des empires. Sans entrer dans le vaste champ des réflexions politiques, examinons l'ensemble de ce royaume, et considérons ses forces.

Depuis les bords du Niémen jusqu'au-delà des rives de l'Elbe, depuis les sources de l'Oder jusqu'aux rives de la mer Baltique, le royaume de Prusse occupe une étendue considérable : c'est là qu'est le centre de sa puissance ; c'est le royaume de Prusse proprement dit. En ajoutant aux acquisitions de Frédéric II quelques débris de la Pologne, et les provinces enlevées par les derniers traités à la Saxe, la Prusse a-t-elle accru ses moyens de prépondérance autant qu'elle l'espérait ? C'est encore un point de doute. Son influence sur l'ensemble de la confédération germanique, est certainement plus considérable que jamais : nous devons en convenir ; mais la puissance dont elle a le plus à redouter le voisinage, la Russie, s'est agrandie en proportion ; elle est donc condamnée à se traîner la suite de cet empire colossal, ou à s'associer la destinée de l'Autriche, qui peut-être un jour aura à redouter les hordes armées qui, des contrées septentrionales, pourront se précipiter sur l'occident. Les possessions de la Prusse sur les bords du Rhin, quelque importantes qu'elles soient par leurs richesses industrielles, n'augmenteront pas sa puissance dans la proportion de leur population ; les peuples de ces contrées seront long-temps avant d'oublier qu'ils ne sont point Prussiens ; quelques-uns même ont trop perdu sous le rapport du commerce, en cessant de faire partie de la France, pour ne pas regretter d'en être séparés. Si quelque commotion politique menaçait encore la tranquillité de l Europe, si la France surtout prenait part à la lutte qui pourrait s'établir, la Prusse, obligée de diviser ses forces pour maintenir dans l'obéissance des pays séparés de son territoire, la Prusse, qui ne pourrait plus compter sur l'énergie héroïque que ses habitans déployèrent dans ses guerres contre Napoléon, parce qu'elle n'a point encore accordé à l'esprit du siècle les institutions qu'elle a promises, et que demande depuis si long-temps la partie éclairée de sa population ; la Prusse, disons-nous, offrirait peut-être le spectacle d'un corps énervé par un accroissement trop rapide ; elle aurait de la peine à se maintenir dans l'attitude menaçante qui semble être la conséquence de son étendue.

Le canton de Neufchâtel, à titre de principauté, ne lui peut être d'aucun secours comme ressource politique ; elle ne peut lui en offrir que dans quelques-unes de ses relations commerciales, si nous considérons que l'ensemble des provinces soumises à cette puissance présente de l'orient à l'occident une étendue prodigieuse, tandis que du nord au sud, elle se trouve renfermée dans des limites étroites que plusieurs princes étrangers possèdent des territoires plus ou moins considérables enclavés dans ces Etats, qu'elle-même a quelques possessions au milieu d'autres étrangers. Nous devons en conclure qu'un territoire si démesurément allongé, si irrégulièrement découpé, que des terres éparses si inégalement réparties relativement à l'influence, que d'après la civilisation moderne, la métropole doit exercer au sein d'un empire ; qu'enfin, une superficie aussi considérable que la sienne, sont plutôt des élémens de faiblesse que de puissance.

Le royaume de Prusse comprend deux parties principales : 1.º les provinces dans la confédération germanique ; 2.º les provinces hors de la confédération. Les provinces dans la confédération sont au nombre de sept, savoir : le Brandebourg, capitale Berlin. La Poméranie, capitale Stettin. La province de Saxe, capitale Magdebourg. La Silésie, capitale Breslaw. La Westphalie,

capitale Munster. Le duché de Clèves et Berg , capitale Cologne
Le duché du Bas-Rhin , capitale Aix-la-Chapelle. Les province
hors de la confédération , sont : la Prusse orientale , capital
Kœnigsberg. La Prusse occidentale , capitale Dantzig. Le grand
duché de Posen , capitale Posen. Ces dix provinces se subdivisen
chacune en plusieurs régences. Le canton de Neufchâtel en Suiss
forme une souveraineté qui appartient au roi de Prusse.

Ces dix provinces n'ont pas toujours appartenu au roi de
Prusse. Le Brandebourg fut réuni par achat , en 1415 , sou
Sigismond. La Prusse le fut sous le neuvième électeur , en 1618
par l'héritage de sa femme. En 1637 , une partie de la Poméranie fut réunie , par expectative , à la mort du dernier duc ; l'autre
portion de la Poméranie le fut par conquête et cession. En 1720,
la Silésie par conquête et cession. En 1742 , sous Frédéric II,
la Prusse acquiert , par les démembremens de la Pologne , la
Prusse royale , les régences de Dantzig , de Marienwerder , de
Kœnigsberg , de Bromberg et de Posen. Le cours des événemens
qui ont marqué le commencement du 19.ᵉ siècle , lui ont enlevé
plusieurs de ses Etats ; mais en 1815 , l'acte du congrès de
Vienne , non-seulement les lui a rendus , mais il lui adjoignit les
provinces sur le Rhin , une partie de la Westphalie et de la Saxe.
Toutefois est-il vrai de dire qu'une partie de ces provinces avait
été réunie en 1648 et 1680.

* *Régences comprises dans le royaume de Prusse.*

Le Brandebourg se divise en trois régences , qui sont celles
de Berlin , de Postdam et Francfort-sur-l'Oder. La Poméranie en
forme trois , qui sont celles de Stettin , Kœslin et Stralsund. La
province de Saxe se divise aussi en trois , qui sont celles de
Magdebourg , Merschourg et Erfurth. La Silésie en contient
encore trois , qui sont celles de Breslaw , Oppeln et Liegnitz. La
Westphalie est également partagée en trois , qui sont celles de
Munster , Minden et Arensberg. Le duché de Clèves et Berg
renferme de même trois régences , qui sont celles de Cologne,
Dusseldorf et Clèves. Le duché du Bas-Rhin comprend trois
régences , qui sont celles d'Aix-la-Chapelle , Coblentz et Trèves.
La Prusse orientale forme deux régences , qui sont celles de
Kœnisberg et Gumbisen. La Prusse orientale se divise en deux
régences , qui sont celles de Dantzig et Marienwerder. Le grand

duché de Posen en forme encore deux , qui sont celles de Posen et Bromberg , ce qui donne un résultat de vingt-sept régences. Pour les dix provinces , elles ont chacune un chef-lieu de même nom.

L'électorat de Brandebourg remontait à l'an 937. Géron, comte de Stade , fut fait marquis de Brandebourg par le roi, ou, si l'on veut, l'empereur Othon. Les empereurs continuèrent à conférer ce titre à vie ; ils en héritèrent jusqu'à l'acquisition de ce margraviat par Frédéric , burgrave de Nuremberg et comte de Hohenzollern. Cette maison , aujourd'hui maison royale de Prusse, dont l'origine se perd dans la nuit des temps et dans les systèmes incertains ou fabuleux des généalogistes, prend une place distinguée dans l'histoire dès le commencement du 13.ᵉ siecle ; elle consistait alors en deux branches, dont l'aînée occupait et possède encore aujourd'hui une petite principauté dans la Souabe ; la cadette tenait depuis plus de quatre-vingts ans , de la faveur des empereurs, le burgraviat de Nuremberg.

Un Frédéric était le chef de celle-ci en 1273 ; il était neveu de Rodolphe de Hasbourg, et l'on peut voir ailleurs que ce fut à son zèle, aussi-bien qu'à son adresse , que cet empereur dut son élévation. Rodolphe , pour le récompenser , lui donna le burgraviat héréditaire de Nuremberg, et y joignit quelques debris des domaines impériaux en Franconie. Voilà l'origine ou le commencement de puissance de cette importante maison, dont nous allons tracer l'elévation graduelle.

Sept burgraves héréditaires avaient déjà , depuis le neveu de Rodolphe de Hasbourg , gouverné Nuremberg, quand le huitième fit un grand pas vers la puissance , en achetant de l'empereur Sigismond l'électorat et margraviat de Brandebourg , comme nous l'avons déjà dit. C'est alors que la branche cadette de Hohenzollern laissa le titre de burgrave pour celui plus élevé de margrave , et qu'elle ne paraît plus dans l'histoire que sous le nom de Brandebourg , dérivé de sa nouvelle acquisition. Ces princes jettent , dès cet instant , un plus grand lustre : le titre d'électeur leur présente une carrière nouvelle dans les affaires de l'empire ; ils y entrent avec ardeur , saisissent les occasions avec adresse, et les mettent à profit avec habileté.

Dans ces temps reculés dont nous parlons ici , la mode était de donner aux souverains des surnoms tirés de leurs qualités morales, ou de leurs formes physiques; aussi est-il un instant où les électeurs de Brandebourg semblent avoir mis à contribution tout ce qu'il y avait d'illustre dans la fable et dans l'histoire on les y trouve accompagnés des surnoms d'Achille, d'Ulysse de Cicéron, de Nestor, d'Alcibiade; mais parmi toutes ces qualifications données souvent par le hasard ou la flatterie, il ne faut pas confondre celles d'Achille et d'Ulysse auxquelles le troisième électeur semble avoir acquis de justes droits, car il est dit avoir obtenu le prix dans dix-sept tournois, et être sorti huit fois vainqueur de combats plus sérieux. On dit qu'une fois il se trouva combattre contre seize personnes, et que, dans une autre occasion, il se rendit maître d'une place en y sautant du haut des murs, et s'y défendant seul contre tous les habitans, jusqu'à ce que ses soldats en eussent enfoncé les portes; action qui à ses surnoms d'Achille et d'Ulysse, eût pu faire ajouter encore, avec justice, celui d'Alexandre.

Le dixième électeur, Georges-Guillaume, est particulièrement remarquable, parce que son règne semble complètement voué aux désastres et aux revers. Sa propre faiblesse, ou la trahison de son ministre, vendu, dit-on, à la cour de Vienne, le rendirent une des victimes de la guerre de trente ans. On dirait que la fortune sembla prendre plaisir à faire luire à ses yeux ses plus riches faveurs, pour lui rendre plus sensible le chagrin de se les voir arrachées. Il hérita de la Prusse; mais les Suédois la parcoururent et l'écrasèrent de contributions durant la plus grande partie de son règne. Il hérita aussi de Clèves et de Juliers; mais il eut à disputer ces beaux pays à d'autres rivaux, et pendant la querelle, ce riche héritage demeura constamment au pouvoir des Hollandais et des Espagnols. Enfin, il hérita encore de la Poméranie; mais les Suédois s'en saisirent, et y demeurèrent pendant toute la guerre de trente ans. A la vérité, tous les malheurs de la famille semblent finir avec cet électeur, comme s'il eût épuisé à lui seul tous ceux de sa race; chaque jour depuis fut marqué par de nouveaux succès et de nouveaux accroissemens.

C'est de cet instant que commence l'époque brillante de la maison de Brandebourg. En effet, nous touchons au vrai fondateur de sa puissance et de sa gloire, à Frédéric-Guillaume, si justement connu sous le nom de grand-électeur, qui fut grand général, grand administrateur, grand politique. Ce prince répara les maux de son pays, et les fautes de son père; il créa par ses talens cette influence politique que sa maison n'a plus perdue depuis, mais qu'elle a, au contraire, augmenté sans cesse ; il affranchit la Prusse de la domination de la Pologne ; il termina la querelle de Juliers, Clèves et la Marck ; il recouvra une partie de la Poméranie, et se fit accorder pour l'autre un ample dédommagement, ce furent les duchés ou principautés de Magdebourg, Halberstadt, Minden et Camin ; il remit de l'ordre partout en même temps qu'il augmenta ses domaines, et ouvrit les voies à la prospérité de ses peuples, en appelant parmi eux les réfugiés industrieux que la révocation de l'édit de Nantes avait fait sortir de France.

Frédéric, le fils du grand-électeur, prenant avantage de l'influence que lui avait procuré son père, et des circonstanes heureuses qui le faisaient rechercher par tous les partis, se couronna lui-même roi de Prusse ; fut reconnu d'abord par l'empereur qui avait besoin de lui, et bientôt après par le reste de l'Europe. Le second roi de Prusse qui vient ensuite, est un des caractères les plus extraordinaires que présente l'histoire ; ses singularités ont trop fait méconnaître sans doute les services qu'il a rendus à son pays : on s'est beaucoup trop arrêté sur sa brutalité comme soldat, et pas assez sur la fameuse dicipline qu'il a créée comme général. On a fait trop attention au cynisme de ses manières, au rapiécetage de ses vêtemens grossiers, et pas assez calculé les trésors qu'il amassait. Un autre échec à sa mémoire, c'est d'avoir eu un trop grand successeur ; c'est ainsi que le nom d'Alexandre éclipse le souvenir de Philippe. Si l'on veut rendre justice à Frédéric-Guillaume, c'est de reconnaître qu'il a préparé les jours glorieux de son fils, et forgé les ressorts déployés après lui avec tant d'audace, de splendeur, et de génie par Frédéric II.

Ce Frédéric II, bien plus connu sous le nom de Grand Frédéric, est le héros de la monarchie prussienne, et l'on pourrait dire celui de son siècle : ce sont de ces hommes privilégiés que la nature et la fortune ne s'accordent à produire qu'à de longs intervalles. Grand dans ses projets, infatigable dans ses entreprises, heureux dans leur exécution, législateur, général, homme d'état, littérateur, Frédéric fut tout, et le fut avec autant de mérite que de bonheur. Par ses conquêtes et la sagesse de son administration, il doubla le nombre de ses sujets, et presque l'étendue son territoire ; il attira l'attention, excita l'étonnement de tous les pays et de toutes les classes. Quand on le vit, dans la fameuse guerre de sept ans, engagé lui seul contre la plus grande partie de l'Europe, quelle dut être la surprise des vieux militaires, des vieux diplomates, de trouver un roi de Prusse si puissant, où ils n'étaient accoutumés à voir qu'un médiocre marquis de Brandebourg? Depuis le règne de Frédéric, la Prusse se trouve rangée parmi les premières puissances de l'Europe, et c'est une habitude dans les grands événemens politiques de jeter les yeux sur elle, comme sur une de celles dont les démarches et l'influence sont décisives pour le reste de l'Europe.

Frédéric-Guillaume II succéda à son oncle en 1786, fit, dans son royaume, des établissemens sages et utiles, mais il s'engagea dans une guerre qui épuisa en partie les trésors amassés par le Grand Frédéric. Il arma contre la France, et fut battu. Il retourna dans ses Etats, et mourut en 1797. Frédéric-Guillaume III, son fils, lui succéda. En 1806, il reçut de l'empereur Napoléon le Hanovre, enlevé par les Français à l'Angleterre, qui lui abandonna encore le duché de Berg et la principauté de Neuchâtel. Depuis cette époque, le roi de Prusse fut tantôt ennemi, tantôt allié avec la France. En 1814, de concert avec les armées de la coalition, il entre à Paris, et par l'acte du congrès de Vienne, non-seulement il recouvre ses Etats, mais il en obtient de nouveaux : ce prince règne encore aujourd'hui.

AUTRICHE.

APERÇU GÉNÉRAL. — DIVISION. — RÉUNIONS. — SUBDIVISION. — HISTORIQUE.

Les différentes possessions de la monarchie autrichienne offrent la singulière réunion de peuples étrangers les uns aux autres, gouvernés au nom d'un même souverain, mais d'après des lois différentes. Chez quelques-uns, nouvellement conquis, l'amour de la patrie est un mot vide de sens, et l'obéissance passive l'unique devoir ; chez quelques autres, cette obéissance même est un effet de la crainte, plutôt que de l'ignorance, et l'espoir de l'indépendance fait encore palpiter leur cœur. Les uns, soumis depuis long-temps, ne semblent connaître d'autre bien que le repos, d'autre stimulant que le désir d'accroître leur aisance ; les autres, jaloux de leur indépendance, croient l'avoir conservée, parce que leur pays porte les noms de duchés et de royaumes. Tous enfin sont isolés par leurs mœurs et par leurs langages, plus que par les chaînes de montagnes qui les séparent. Le gouvernement autrichien, au lieu de faire disparaître ces nuances, en accordant des institutions justement réclamées, jette ses regards en arrière, et marche lentement sur une route anciennement frayée. Cette puissance, riche de son sol, de ses mines, de l'industrie de ses habitans, comprenant une nombreuse population, n'est point aussi redoutable qu'on pourrait le croire ; elle obtint, par les derniers traités, le cours de l'Inn pour l'une de ses limites occidentales : mais ce n'est point du côté de la Bavière qu'elle a besoin d'être invulnérable ; désormais à l'abri d'une invasion étrangère de ce côté, trop forte pour craindre le Croissant qui la fit trembler deux fois, ses regards inquiets doivent se porter vers le nord ; et la Gallicie, qui lui sert de boulevard, est dépourvue de défenses naturelles.

L'Autriche se divise en treize provinces, savoir : six qui font partie de la confédération germanique, et sept hors de la confédération. Les six comprises dans la confédération, sont : l'archiduché d'Autriche, capitale Vienne ; le duché de Styrie, capitale Gratz ; le royaume d'Illyrie, capitale Laybach ; le comté de Tyrol, capitale Inspruck ; le royaume de Bohême, capitale Prague ; le margraviat de Moravie, capitale Brunn. Les sept qui ne font point partie de la confédération, sont : le royaume de Gallicie, capitale Lemberg ; le royaume de Hongrie, capitale Bude ; le royaume de l'Esclavonie, capitale Eszek ; le royaume de Croatie, capitale Agram ; la principauté de Transylvanie, capitale Hermanstadt ; le royaume de Dalmatie, capitale Zara ; le royaume Lombard-Vénitien, capitale Milan.

Plusieurs de ces provinces n'ont pas toujours été réunies à cette couronne. L'archiduché d'Autriche, la Styrie, la Carinthie et la Carniole, furent réunis, par investiture, en 1282 ; le Tyrol le fut en 1363 ; le gouvernement de Trieste et l'Istrie le furent en 1380 ; la Bohême, la Moravie, la Silésie et une partie de la Hongrie, le furent en 1526, par suite du mariage de Ferdinand avec l'héritière de ces royaumes ; la Transylvanie et l'Esclavonie le furent en 1699, par conquête et traité à Carlowitz ; le Milanais le fut en 1714, par le traité de Rastadt, sous l'empereur Charles VI. Une partie de la Hongrie fut réunie, par conquête et traité, à Passarowitz en 1718 : plusieurs fractions de la Gallicie furent réunies par les partages de la Pologne ; une autre partie fut obtenue des Turcs en 1775. Le traité de Campo-Formio céda à l'Autriche, la Dalmatie qu'elle avait eu anciennement en sa possession, ainsi que le territoire et la ville de Venise. La Croatie avait été réunie à la Hongrie dans le 11.e siècle, sous saint Ladislas. L'Autriche avait perdu, pendant le cours de nos guerres après 89, une partie de ses possessions, mais en 1815, l'acte du congrès de Vienne les lui rendit ; à cette époque, elle gagna sous tous les rapports, et devint plus formidable que jamais.

* *Subdivisions des provinces comprises dans le royaume d'Autriche.*

L'archiduché d'Autriche se divise en haute et basse Autriche, subdivisé en neuf cercles, qui sont : Vienne ou bas Wiener wald, haut Wiener wald, bas Manhartsberg et haut Manharts-berg dans la basse Autriche ; Muhl, l'Inn, Hausruck, Traun et Salzbourg dans la haute Autriche. Le duché de Styrie se divise en haute et basse Styrie, subdivisé en cinq cercles, qui sont : Cilly, Marbourg et Gratz dans la partie basse; Bruck et Judenbourg dans la haute. Le royaume d'Illyrie se divise en deux gouvernemens, subdivisé chacun en plusieurs cercles, savoir : Villach, Clagenfurth, Laybach, Neustadt et Adelsberg, sont compris dans le gouvernement de Laybach; Gœrz, Istrie et le territoire de Trieste, sont compris dans le gouvernement de Trieste. Le comté de Tyrol se divise en sept cercles, qui sont : ceux de l'Inn supérieur, de l'Inn inférieur, de Pusterthal, d'Adige, Trente, Roveredo et Vorarlberg. Le royaume de Bohême se divise en seize cercles et un district, qui sont : le district de Prague, les cercles de Saatz, Elnbogen, Rakonitz, Béraun, Pilsen, Klattau, Prachin, Budweis, Leutméritz, Bunzlau, Bidschow, Kœnigingratz, Kaurzim, Czaslau, Chrudim et Tabor. Le margraviat de Moravie se compose de deux parties principales, subdivisées en huit cercles, qui sont : ceux d'Iglau, Znaym, Brünn, Hradisch, Olmütz, Prerau, Troppau et Teschen. Le royaume de Gallicie se divise en seize cercles, qui sont : ceux de Myslénitz, Bochnia, Tarnow, Lemberg, Zolkiew, Zloczow, Iaslow, Sandec, Rzezsow, Sanok, Przemysl, Stry, Brzézany, Stanislawow, Zniatim et Tchernowitz. Le royaume de Hongrie se divise en quatre cercles, qui sont : le cercle au-delà du Danube, le cercle en-deçà du Danube, et au-delà et en-deçà de la Theiss. Le royaume de l'Esclavonie se divise en deux parties, la partie civile, capitale Eszek; les provinces militaires, chefslieux Péterwardein, New-Gradiska et Brod. Le royaume de Croatie se divise en partie civile, ayant Agram pour capitale; et en partie militaire, dont les chefs-lieux sont Carlstadt, Bellovar, Ségna ou Zengh et Carlopago. La principauté de Transylvanie est divisée en trois parties, d'après les trois principales nations qui l'habitent, les Hongrois, les Szeklers et les Saxons. Le pays des Hongrois est à l'ouest; il a Clausenbourg pour capitale. Le pays des Szeklers est à l'est; la capitale est Maros-Vasarhély. Celui des Saxons est situé au sud et au nord; la capitale est Hermanstadt. Le royaume de Dalmatie se divise en cinq cercles, qui sont Zara, Spalatro, Macarsca, Raguse, Cattaro, avec des chefs-lieux de même nom. Le royaume Lombard-Vénitien se trouvant enclavé dans l'Italie, a été déjà décrit en traitant de ce royaume.

Environ vers l'an 700 vivait un Ethicon, duc d'Alsace et de Souabe. Il eut deux enfans ; l'un fut le chef de la maison d'Autriche, l'autre celui de la maison de Lorraine. Les secousses qu'éprouvèrent les princes voisins de France sous les derniers rois Carlovingiens, réduisirent les descendans d'Ethicon à un léger patrimoine. Parmi eux on remarque un Werner, évêque de Strasbourg, qui bâtit la cathédrale de cette ville. Il bâtit aussi dans l'Argau, en Suisse, le château de Habsbourg, qui donna son nom à cette famille, jusqu'au moment où elle le quitta pour prendre celui d'Autriche, sous lequel elle s'est rendue si célèbre. Les détails réguliers de cette maison commencent au fameux Rodolphe, comte de Habsbourg, le vrai fondateur de son illustre race. C'était un gentilhomme Suisse, qui s'était acquis la réputation de grand capitaine et de preux chevalier. Dans sa jeunessse il avait été maître-d'hôtel d'Ottocar, roi de Bohême. Nommé empereur d'Allemagne, il fit élire son fils Albert comme duc d'Autriche : voilà le commencement de la fortune de cette maison, qui s'est élevée depuis à un si haut point de gloire et de puissance. C'est alors qu'elle prend le nom d'Autriche : ses successeurs parvinrent à la couronne impériale qu'ils possèdent depuis. A compter de cet instant, l'histoire de ses princes est celle de l'empire : on la trouvera au résumé de l'histoire d'Allemagne ; nous donnerons seulement une courte notice sur la maison de Lorraine ou Autriche moderne, régnante aujourd'hui.

Gérard d'Alsace est le chef de cette illustre maison ; il descendait d'Ethicon, duc de Souabe et d'Alsace, qui fut ainsi le père commun des maisons d'Autriche ancienne et moderne. La postérité de Gérard, située entre l'empire germanique dont elle faisait partie, et la monarchie française qui lui présentait un appui, semble constamment avoir penché vers celle-ci, jusqu'à ce qu'elle se soit tout-à-fait affranchie du premier. Ainsi l'on rencontre dans les premières pages de notre histoire, les ducs de Lorraine dans presque tous nos combats célèbres : Thibault I.er combat sous les bannières françaises aux champs de Bouvines, Thibault II est fait prisonnier à Courtray ; Ferry IV est tué à Cassel ; Raoul, blessé à Crécy ; Jean, prisonnier à Poitiers, Charles I.er, blessé à Rosebecq ; Ferry-le-Courageux, tué à Azincourt, et Antoine est couvert de blessures à Agnadel et à Marignan. Mais lorsque le temps et les traités ont sanctionné la séparation et l'affranchissement de la Lorraine du territoire

allemand, alors la politique de ses ducs change avec les circonstances ; ils se rapprochent des empereurs qu'ils ne craignent
plus, et s'allient avec eux contre cette même France, jadis leur
soutien, et depuis leur terreur ; ils entretiennent ses divisions,
excitent ses mécontens, accroissent ses troubles : c'est ainsi qu'on
voit Charles III épouser la cause des Guises contre Henri III
et Henri IV ; Charles IV soutenir Monsieur et la reine mère,
contre Louis XIII et son ministre, et se jeter, ainsi que son
frère et son neveu, dans les bras de l'Autriche, plutôt que de
se rapprocher de la maison de Bourbon. Enfin l'heureux échange
de la Lorraine contre la Toscane, est venu mettre un terme à
cette gêne politique, et a transplanté cette illustre maison sur
un sol nouveau, où elle n'a fait que passer pour arriver au
trône impérial et aux dominations autrichiennes qu'elle possède
aujourd'hui.

Au moment de la révolution française, lorsque le système
politique de l'Europe s'écroula, la maison de Lorraine, par sa
force et sa position, se trouva tout à coup l'antagoniste naturel
de la France. Dès-lors une lutte à mort s'engagea : ses suites
terribles avaient mis en péril imminent la maison qui gouverne
l'Autriche, quand tout à coup, et comme par miracle, l'orage
cesse pour elle, la discorde fuit, et fait place au repos et à la
sécurité. La fille aînée de François, en s'unissant à Napoléon,
semble mettre entre la France et l'Autriche un rameau d'olivier ;
1814 trompa les espérances. A cette époque, l'empereur d'Autriche,
de concert avec les armées de la coalition, envahit la capitale,
qui aurait appartenu un jour à son petit-fils, et le grand Bonaparte,
l'immortel héros de la nouvelle France, lui qui la retira de l'abîme
et la sauva du naufrage des nations, qui retrempa son caractère
national, qui la rendit resplendissante de jeunesse, et brillante
de plus de gloire que n'en prétendit jamais aucun peuple, fut
obligé de fuir ce pays qu'il avait agrandi tant par ses exploits
que par sa politique ; et l'Autriche qui avait été trois fois au
moment de périr, qui n'avait échappé que par la générosité
de son vainqueur, la résignation de son peuple, la duplicité
de son cabinet et la ténacité de son oligarchie, augmenta son
territoire, accrut ses trésors, et devint l'une des puissances les
plus prépondérantes de l'Europe.

DANEMARCK.

APERÇU GÉNÉRAL. — DIVISION. — RÉUNIONS. — SUBDIVISION. — HISTORIQUE.

Que de grands souvenirs se rattachent à l'histoire de cette petite péninsule, qui, baignée à l'orient par la mer du nord, à l'occident par le détroit du Cattégat, et au nord par celui de Skager-Rack, flanquée à l'est par des îles considérables, et à l'ouest par un petit archipel, s'avance entre la Suède et la Norwège ! Berceau des redoutables Cimbri, les anciens l'appelèrent Chersonèse Cimbrique. C'est de cette contrée que sortirent, environ cent ans avant notre ère, ces peuples qui, joints à plusieurs nations des bords de la Baltique, ravagèrent les Gaules et l'Helvétie, firent trembler l'Italie, battirent plusieurs fois les Romains, et furent enfin défaits par Marius. Ce sont ces mêmes peuples qui, sous les noms de Jutes et d'Angli, envahirent l'Angleterre, et qui, hardis navigateurs, grossirent cet essaim de pirates sortis de la Norwège et de la Suède, que le moyen âge confondit sous le nom de Normands, et qui furent, pendant plusieurs siècles, l'effroi du reste de l'Europe (1).

Mais ces peuples, autrefois conquérans et insatiables, sont maintenant braves, pacifiques, laborieux, persévérans, modestes, hospitaliers, gais, francs et économes ; leurs affections sont romanesques et constantes, leur imagination plus forte que vive ; observateurs judicieux, penseurs profonds, imitateurs des autres peuples, très-attachés à leur sol natal et aux intérêts de leur patrie ; ennemis de la servitude et du pouvoir arbitraire ; généralement bien faits, d'une physionomie douce et agréable, ils se distinguent aussi par des vertus privées, des mœurs sévères et des manières polies : tel est le portrait des Danois d'aujourd'hui. Le voyageur rencontre en Danemarck peu de paysans qui ne sachent pas lire. Si ce pays n'avait produit

(1) Au IX.me siècle on ajoutait aux litanies ces mots : *A furore Normannorum, libera nos, ô Domine !*

une foule d'hommes savans, la gloire d'avoir vu naître Tycho-Brahé suffirait seule à son illustration.

Le Danemarck comprend trois parties : 1.º le Jutland, divisé en Nord-Jutland et Sud-Jutland ; 2.º le duché de Holstein et celui de Lawenbourg ; 3.º les îles. Plusieurs de ses diverses parties n'ont pas toujours été possédées par les rois de Danemarck. Vers l'an 1157, Waldemar-le-Grand combattit les peuples qui habitaient le midi de la Baltique, et s'empara de plusieurs petites îles. Christian VI réunit le Sud-Jutland, par acquisition, l'an 1730. Le duché de Holstein a été échangé entre Christian VII, Catherine II et Paul I.ᵉʳ, en 1773. Enfin, en 1814, le duché de Lawenbourg a été donné au Danemarck en dédommagement de la Norwège, qui a été incorporée à la Suède.

* Subdivisions du royauune de Danemarck.

Le Nord-Jutland se subdivise en quatre diocèses, qui sont : ceux d'Aalborg, Viborg, Aarhuus et Ribe, avec des chefs-lieux de même nom. Le Sud-Jutland se nomme encore Sleswig ; sa capitale est Sleswig. Le duché de Holstein a pour chef-lieu Kiel ; celui de Lawenbourg a son chef-lieu de même nom : ces deux duchés font partie de la confédération germanique. Les îles qui appartiennent au Danemarck, sont dans la mer Baltique : l'île de Sééland, chef-lieu Copenhague, capitale de tout le royaume ; l'île de Fionie, chef-lieu Odenzée, et les îles de Laland, de Falster, de Bornholm et d'Alsen ; dans l'Océan, l'Islande, divisée en quatre parties qui répondent aux quatre points cardinaux, dont le chef-lieu est Reikiavik, et les îles Féroe, au nombre d'environ vingt-quatre, stériles et peu habitées.

Le Danemarck, royaume dont l'origine se perd dans la nuit des temps, l'ancienne patrie des Teutons et des Cimbres, qui mirent en danger la république romaine, patrie aussi des Normands, encore plus funestes à la France, fait remonter ses rois à un temps immémorial. Au rapport des historiens du nord, le Scythe Odin, devenu depuis l'un des objets du culte scandinave, fuyant les progrès de Pompée dans sa patrie, s'établit en Danemarck et en Suède, après des courses immenses marquées par ses conquêtes, et par ses institutions civiles et religieuses. L'aîné de ses fils,

Skiœld , fut en Danemarck la tige d'une longue suite de rois.
Vers le 10.ᵉ siècle , un d'entre eux se fit chrétien , et devint tributaire des empereurs d'Allemagne. Depuis ce temps, les rois de
Danemarck furent tantôt soumis , tantôt indépendans de ces
empereurs , suivant que l'empire fut tranquille ou divisé. Vers
la fin du douzième siècle , lors de la chute de Henri-le-Lion ,
chef de la maison de Brunswick d'aujourd'hui , les rois de Danemarck s'emparèrent de tous les bords méridionaux de la mer
Baltique , et créèrent le royaume éphémère des Vandales , dont
ils ont toujours depuis conservé le titre. Quarante ou cinquante
ans après, l'imprudence et la mauvaise conduite de Waldemar II
lui coûtèrent toutes ses propriétés germaniques. Vers l'an 1387,
la fameuse Marguerite , la dernière de cette famille des Waldemar,
mariée à Haquin , roi de Norwège , monte sur le trône de Danemarck et de Norwège , et succède ainsi à son fils Olaüs , qui
avait réuni ces deux couronnes sur sa tête. Peu de temps après,
la noblesse et le clergé suédois renoncent à l'obéissance envers
Albert , roi de Suède , et reconnaissent Marguerite , sans que
le roi , bien que favorisé par le peuple , puisse l'empêcher. En
1388 , Maguerite fait Albert prisonnier à la bataille de Falkoping ;
maîtresse de ces trois peuples , elle eut assez d'adresse pour les
amener au fameux traité de Calmar en 1397 , par lequel ils s'enga-
geaient à demeurer irrévocablement unis sous le même souverain.
L'habileté, le courage et les talens de Marguerite furent tels , qu'on
ne la connaît dans l'histoire que sous le nom de la Sémiramis du
Nord. Ses successeurs n'héritèrent ni de ses talens , ni de sa fortune;
ils eurent de la peine à se faire obéir , et le traité de Calmar
devint une source funeste de divisions et de guerres entre les
peuples qu'il devait unir.

Enfin , Christian I.ᵉʳ arrive à la suite de cette succession anarchique , et fixe le trône dans sa maison ; il fut élu roi de Norwège
en 1450. Quant à la Suède , les rois de Danemarck venaient
quelquefois à bout de soumettre ses habitans ; mais bientôt ceux-ci
échappaient au joug. La cruauté de Christian II , surnommé le
Néron du Nord , et l'héroïsme de Gustave Wasa , le vrai
fondateur de la monarchie suédoise moderne , terminèrent la
querelle , et finirent les prétentions de chacun. Gustave affranchit pour jamais la Suède , et en devint le monarque héréditaire.

Frédéric I.ᵉʳ , profitant des fautes de son neveu et des dispositions des peuples , qui déposent Christian II en 1523 , monte

sur le trône de Danemarck. En 1526, il eut à s'opposer à plusieurs tentatives de son neveu, soutenu par Charles-Quint, et le fit prisonnier ; il introduisit le luthéranisme par un édit qui établit la liberté de conscience. C'est de lui que descendent les princes qui occupent aujourd'hui les trônes de Danemarck, de Suède, et de Russie.

Christian III, fils de Frédéric, fut son successeur. Ce prince politique, élu en 1534, eut beaucoup à combattre pour ranger son pays sous ses lois ; il prit Copenhague en 1536, et en 1537 il abolit la religion catholique en Danemarck : il incorpora la Norwège à cette couronne.

Frédéric II monta sur le trône en 1559 ; il s'unit à son oncle Adolphe-Frédéric, duc de Holstein-Gottorp, pour soumettre les Dithmarses, habitans d'une partie du Holstein, et partage avec lui l'importante succession de Jean de Holstein son autre oncle.

Son fils Christian IV, qui lui succéda, se trouve, en 1625, chef du parti protestant contre la maison d'Autriche, pour le rétablissement de l'électeur palatin. Battu par Tilly à Luttern en 1626, il fait la paix avec l'empereur en 1629.

Frédéric III, fils de Christian IV, est élu par les Etats, pour succéder à son père, l'an 1648. Le règne fort intéressant de ce prince dure 22 ans ; c'est lui qui eut à défendre sa capitale contre Charles X, roi de Suède, qui passa le Beldt avec toute son armée sur les glaces. La même année, les Etats, en reconnaissance du courage et du dévoûment du roi, lui défèrent le pouvoir absolu, et rendent la couronne héréditaire dans sa famille.

Christian V, fils de Frédéric III, qui succède à son père l'an 1670, tracasse le duc de Holstein, fait la guerre à la Suède, et publie le code qui porte son nom et régit le Danemarck.

Frédéric IV, fils de Christian V, règne en 1699, et s'allie avec le czar Pierre-le-Grand et Frédéric-Auguste, roi de Pologne, pour dépouiller le jeune Charles XII ; il est la première victime de cette injuste alliance, et ne répare ses pertes qu'à la faveur des disgrâces de Charles XII après sa défaite de Pultawa en 1709. Il obtint de grands avantages par la paix de Stockholm en 1720.

Christian VI, fils du précédent, monte sur le trône en 1730, et offre un règne paisible et des plus florissans, qui répare les maux des règnes précédens : il mérita le surnom de père de ses peuples ;

il encouragea le commerce, et fonda la banque de Copenhague. Il mourut l'an 1746.

Frédéric V, son fils et son successeur, suit les heureux principes de son père pour le maintien de la paix, et l'encouragement du commerce et de l'industrie.

Christian VII, qui vient ensuite, commence son règne par voyager en Europe. Six ans après son avénement, l'année 1772, Copenhague donna le spectacle imprévu d'une révolution bien étrange. Une jeune reine y régnait sous le nom de son époux, et gouvernait la cour, dont elle était l'ornement; en un instant on la vit tomber du faîte des grandeurs, dans l'abîme des misères, et peu s'en fallut que quelques heures seulement mesurassent pour elle l'intervalle du trône à l'échafaud.

La Géographie de Guthrie donne sur ce tragique événement les détails qui suivent.

Christian VII, roi de Danemarck, avait épousé Mathilde d'Angleterre, sœur de Georges III, et cette princesse aimable ne tarda pas à disposer de toute l'autorité de son mari, par cet ascendant irrésistible des grâces et de la beauté sur un cœur tendrement épris. La reine douairière, belle-mère de Christian VII, qui avait gouverné jusque là, ne put soutenir la perte de son autorité, et ne songea plus qu'à s'en ressaisir : elle échoua d'abord dans le projet de brouiller les deux époux; mais elle réussit complétement dans la tentative de renverser la jeune reine : elle en trouva les principaux moyens dans la légèreté de Mathilde, plus occupée de ses plaisirs que de son autorité, et dans les fautes de Struenzée que la jeune reine avait peut-être trop distingué. C'était un étranger devenu favori, premier ministre, et qui gouvernait le Danemarck avec plus d'ostentation que de prudence. La reine douairière réunit aisément un certain nombre de mécontens décidés à tout hasarder pour arracher la faveur et le pouvoir des mains étrangères; ils convinrent d'employer audacieusement la violence et l'imposture. En effet, à la suite d'un bal où le roi et la reine avaient dansé, les conjurés se partagent en plusieurs bandes; les uns courent chez le roi lui faire signer, par épouvante, l'ordre d'arrestation de Mathilde et de Struenzée, tandis que d'autres vont saisir la jeune reine et le ministre. Tout leur réussit, et le jour vint apprendre à Copenhague consternée qu'elle avait de nouveaux maîtres. Struenzée et son ami Brandt périrent sur l'échafaud; l'infortunée Mathilde n'échappa que par l'admirable fermeté du chargé d'affaires anglais. Le roi fut mis en tutelle, et la faction victorieuse disposa de tout. La reine douairière Julie gouverna jusqu'en 1784, qu'une maladie du roi fit prendre le timon des affaires au prince royal Frédéric. Le ministre Bernstorf contribue, par sa sagesse, à maintenir le pays en paix. En 1788, le Danemarck s'allie à la Russie contre la Suède ; mais la Prusse et l'Angleterre le contiennent, et Benzelstierna fait une tentative pour incendier les flottes Russes et Danoises dans le port de Copenhague. En 1801, le Danemarck étant entré dans la neutralité armée formée par la Russie, la Suède et la Prusse, l'amiral anglais Nelson force le passage du Sund, bombarde Copenhague, et livre un combat naval funeste à la flotte danoise. En 1807 eut lieu une descente inopinée des Anglais dans l'île de Sééland, la prise de Copenhague et de la flotte danoise, motivée sur l'appréhension que la France ne la dirigeât contre eux. L'année suivante, Frédéric VI monta sur le trône par le décès de son père, et fit, en 1809, la paix avec la Suède, avec laquelle le Danemarck était en guerre, comme alliée de l'Angleterre. En 1814, le traité de Kiel lui enlève la Norwège, qu'il réunit à la Suède. Le Danemarck reçoit le Lawenbourg en dédommagement ; mais les Norwégiens refusent d'accéder au traité de cession, et veulent demeurer fidèles à leur ancien souverain. Les alliés protègent les Suédois, qui entrent en Norwège, et s'y soutiennent. En 1815, le Danemarck fit partie de la confédération germanique, pour les duchés de Holstein et de Lawenbourg.

SUÈDE ET NORWÈGE.

Aux extrémités septentrionales de l'Europe, dans ces contrées où l'hiver, caractérisé par de longues et belles gelées, perdant la teinte grisâtre qu'il offre dans les climats tempérés, couvre la terre d'un éclatant tapis de neige, et se pare des feux éblouissans de l'aurore boréale ; où les longs jours de l'été, plus chauds même que sous le ciel de l'Italie, doivent aux rayons brûlans du soleil les bienfaits d'une végétation qui se développe avec une surprenante rapidité, vivent des peuples qui, au sein d'une civilisation avancée, ont religieusement conservé les lois et les mœurs de leurs ancêtres : ces peuples sont les Norwégiens et les Suédois.

Les contrées qu'ils habitent présentent les aspects les plus rians et les plus sauvages. Ici de sombres forêts d'arbres résineux s'élèvent au bord de ravins effrayans par leur profondeur ; des glaciers éternels les dominent, et l'aquilon mugissant interrompt seul le silence du désert ; là, des habitations couvertes en toiles rouges, et placées sur les flancs des collines, des clochers isolés qui se reflètent sur la surface des lacs, des usines et des moulins suspendus au-dessus des torrens, annoncent un pays où la civilisation et l'industrie marchent sans obstacles dans la route des améliorations. Sur les côtes, les golfes, entourés d'écueils, se succèdent avec la plus triste monotonie ; mais en pénétrant dans l'intérieur de ceux-ci, la scène change tout à coup, en offrant au fond de ces baies et de ces anses, dont l'étroite et sombre entrée est souvent dangereuse, des villes d'un aspect agréable. C'est dans ces villes que l'homme semble avoir toujours joui de ses droits, et conservé l'exercice de sa dignité.

Les Norwégiens et les Suédois ont des manières douces, polies, affectueuses ; la charité est chez eux une vertu antique ; il en est de même de l'hospitalité. A ces belles qualités, ils joignent une grande aptitude d'esprit, un caractère vif et franc, une loyauté qui ne se dément jamais. Ils aiment leur patrie et la liberté ; ils savent tous lire ; tous connaissent leurs droits : aussi point de dépravation, surtout hors des ports de mer, car les matelots apportent de leurs voyages les vices des autres royaumes.

La classe la plus influente et la plus respectée est le clergé, qui appartient à la religion protestante ; il doit cette considération à la reconnaissance de ses compatriotes pour ses nombreux bienfaits : c'est dans cette classe que l'habitant de la campagne trouve des instituteurs instruits , des censeurs indulgens , des consolateurs zélés et des modèles de conduite.

Les Norwégiens et les Suédois jouissent, à l'abri d'un gouvernement constitutionnel , d'une félicité que le présent garantit pour l'avenir : ils le méritent à bien des titres , car aucun pays ne nous offre autant de vertus rassemblées.

Le royaume de Suède comprend deux parties : 1.º le royaume de Suède, capitale Stockholm, divisé en trois régions , qui sont : Norrland ou Suède septentrionale, Svealand ou Suède propre ou centrale, et Gothland ou Suède méridionale ; chacune d'elles se subdivise en plusieurs préfectures ; 2.º le royaume de Norwège, capitale Christiania, qui se divisait anciennement en quatre diocèses, qui étaient : Aggerhuus, Christiansand , Berghen et Drontheim ; il se divise actuellement en trois régions, savoir : Nordland ou Norwège septentrionale , Nordenfield ou Norwège centrale, et Sœndenfield ou Norwège méridionale ; chacune d'elles se subdivise en plusieurs districts. Le royaume de Suède possède encore plusieurs îles, telles que Gothland et Oland dans la mer Baltique, et celles de Loffoden sur les côtes de Norwège. Les successeurs d'Olaüs II augmentèrent leurs Etats de la Gothie ; depuis cette époque, ce royaume a été tantôt accru , tantôt diminué. Enfin en 1814, la Norwège, qui alors appartenait au Danemarck, a été incorporée à la Suède ; elle est encore gouvernée par le même souverain.

Préfectures et Districts contenus dans la Suède et la Norwège.

Les préfectures comprises dans la Suède, sont : Norrbotten ou Bothnie septentrionale, chef-lieu Pitea ; Wester-Botten ou Bothnie occidentale, chef-lieu Umea ; Wester-Norrland, chef-lieu Hernosand ; Jæmtland, chef-lieu Œstersund, dans la Suède septentrionale. Upsala, Stockholm, Nykœping, Westeras, Orebro, Carlstadt, avec des chefs-lieux de même nom ; et Stora-Kopparberg ou Dalécarlie, chef-lieu Falun ; Gefleborg, chef-lieu Gefle, dans la Suède centrale. Linkœping, Calmar, Jœnkœping', Gœtheborg et Bohus, Halmstad, Christianstadt, avec des chefs-lieux de même nom ; Kronoberg, chef-lieu Wexio ; Bleking, chef-lieu Carlscrona ; Efsborg, chef-lieu Wenersborg ; Skaraborg, chef-lieu Mariestad ; Malmœhus, chef-lieu Malmœ ; Gothland, chef-lieu Wisby, dans la Suède méridionale. Les districts renfermés dans la Norwège, sont : Nordland et Finmarck, dans la Norwège septentrionale, qui a pour chef-lieu Altengaard ; Nord-Drontheim, Sud-Drontheim, Romsdal, Nord-Bergen, Sud-Bergen, avec la baronie de Rosendahl, dans la Norwège centrale, dont le chef-lieu est Bergen ; Aggerhuus, Smaalehnen, Hedemark, Christian, Buskerud, Bradsberg, Nedenas, Mandal et Stavanger ; de plus, les comtés de Jalsberg et de Laurvig, dans la Norwège méridionale, dont Christiania est le chef-lieu.

L'histoire de Suède ressemble beaucoup à celle de Danemarck : même antiquité, mêmes incertitudes, même gouvernement. Niorder, second fils d'Odin, eut la Suède en partage, et y fut la tige des Ynglings ou Cadets, qui se maintinrent jusqu'en 720 sur le trône. A la race d'Odin succéda, en 740, celle de Sigurd, Russe d'origine ; puis en 1060, celle de Stenkil, qui était allié, par son père, à la race de Sigurd, et par sa mère, à celle d'Odin. Ce n'est qu'après cette dernière dynastie que l'histoire de Suède commence à acquérir quelque certitude. Sous la race de Sigurd, le christianisme s'introduisit par les mêmes missionnaires qui l'avaient porté en Danemarck ; mais ce ne fut que vers l'an 1000 qu'il y acquit une véritable consistance.

La race des Swerker succéda à celle de Stenkil, et celle des Folkes succéda à celle des Swerker. Dans ces temps éloignés, les rois étaient électifs, leur autorité fort incertaine, et leur règne souvent anarchique ; ainsi laissons donc aux antiquaires ces recherches vaines, et nous, bornons notre tâche, ainsi que pour le Danemarck, à prendre ce pays quand il commence à nous présenter une lumière utile et sûre. On a vu à l'article de ce royaume comment la fameuse Marguerite eut l'adresse de s'en faire déclarer souveraine : sa mort devint le signal d'une jalousie nationale entre les Suédois et les Danois, qui a continué jusqu'à nos jours ; les derniers voulant se prévaloir du traité d'union, les premiers voulant à toute force s'en affranchir. Les rois de Danemarck, après avoir soumis quelquefois la Suède, en furent pour toujours repoussés par un jeune héros d'un courage brillant et de qualités aimables. Gustave, dit Wasa, après avoir échappé presque seul au massacre que Christian II, roi de Danemarck, fit faire, en 1520, de toutes les meilleures et les plus puissantes familles de Suède, se réfugie dans les montagnes de la Dalécarlie, en séduit les paysans par sa bonne mine, son éloquence et son courage, reparaît à leur tête, et chasse les Danois. Ses concitoyens reconnaissans lui donnent la couronne en 1523; six ans après, il tient une espèce de concile à Orebro en Néricie, où il fait recevoir la confession d'Augsbourg, et abolir la religion catholique. La couronne est déclarée héréditaire en 1544. Il meurt l'an 1560, en emportant l'amour du peuple et des grands. Gustave Wasa doit être regardé comme le véritable fondateur de la monarchie moderne de Suède ; il affranchit son pays du joug étranger, y détruisit l'anarchie aristocratique qui le déchirait depuis si long-temps, créa l'autorité royale, fixa la religion, institua les lois, fit fleurir le commerce ; en un mot, fonda la gloire et la puissance suédoise en Europe. Ce grand prince s'allie à François I.er, roi de France, en 1541, et c'est de cette époque que commencent les nombreux rapports qui ont régné si étroi tement, pendant plusieurs siècles, entre la France et la Suède.

Eric XIV, son fils et son successeur, eut un règne qui semble plutôt appartenir au drame qu'à l'histoire ; malheureusement les scènes qu'il présente sont des plus tragiques, et leur dénoûment coûte au prince la liberté et la vie. Eric XIV, né avec un caractère fougueux et des dispositions violentes, puisa sur le trône, au milieu des dangers qu'il présente, une défiance et des craintes qui l'agitèrent jusqu'à la démence : sa jalousie contre ses frères, ses soupçons contre les grands, croissant avec ses malheurs, finirent par altérer complétement sa raison, et le privèrent des ressources d'un esprit vif, et d'ailleurs cultivé. Il est déposé en 1568 pour cause de démence, et confiné dans une prison, où il mourut empoisonné par les ordres mêmes de son frère Jean III, qui avait exercé sur lui une horrible tyrannie, acte indigne qui souille également et le prince et ses conseillers, et qui termine la destinée malheureuse d'Eric, après neuf ans de la plus dure captivité. Il avait épousé Catherine sa maîtresse chérie, fille d'un paysan, que l'histoire représente belle de tous les charmes, et riche de toutes les vertus ; elle fut constamment l'amie, la com-

pagne fidèle, le consolateur assidu du malheureux et violent Eric
Sa vue était un remède enchanté qui le rappelait à la raison e
calmait ses transports ; mais durant les dernières années de s.
captivité, son frère le fit séparer de sa femme, de ses enfans
et lui fit arracher ses livres. On le fit errer de cachot en cachot
il fut ainsi privé de toute espèce de consolation. Les détails qu'i
a écrits lui-même sur ses souffrances, inspirent autant d'horreu
que de pitié. Les malheurs de la fortune du père produisiren
la bizarrerie de celle du fils. Durant la prison d'Eric, un ser
viteur de son frère reçut l'ordre d'enfermer dans un sac son fil
encore enfant, et d'aller le faire périr hors de la ville. L'assassi
est reconnu au point du jour par un gentilhomme Suédois, qui
soupçonnant le forfait, se fait ouvrir le sac, enlève l'enfant, e
disparaît. Les amis d'Eric firent élever en secret le jeune Gustave
qui développa pour l'étude des dispositions extraordinaires : il
parlait plusieurs langues, et peu de sciences lui étaient étrangères.
Abandonné à lui-même, il se trouva dans une époque de sa vie tellement partagé entre l'indigence et l'amour de l'étude, qu'on le vit
servir, pendant le jour, dans une hôtellerie, pour gagner de quoi
lire durant la nuit. Enfin, les secours du roi de Pologne son parent,
et ceux de la Russie, dont il pouvait servir les intérêts, vinrent
l'arracher à cet état d'abjection, pour lui donner une existence
plus brillante, mais non plus heureuse. Tour à tour l'objet des
complaisances ou de la sévérité du czar, suivant ses rapports politiques avec la Suède, il demeura constamment le jouet de la
fortune, et finit sa malheureuse existence dans un asile qu'il ne
pouvait guère considérer que comme une prison.

Jean III, après avoir détrôné son frère en 1568, a une guerre
malheureuse contre les Russes ; il épouse Catherine, fille et héritière de Sigismond, roi de Pologne ; à sa prière, il fait des efforts
pour rétablir le catholicisme en Suède, et meurt, en 1592, sans
avoir pu y réussir.

Son fils Sigismond, roi de Pologne, succède au trône de Suède ;
mais son attachement au catholicisme et les intrigues de son
oncle le lui enlèvent en 1604.

Charles IX, oncle de Sigismond et fils de Gustave Wasa,
est élu par les Etats, au préjudice de son neveu. Son règne est
orageux par des intrigues au-dedans, et des ennemis au-dehors :
il eut deux femmes, et mourut l'an 1611.

Gustave-Adolphe, fils de Charles IX, et de Christine de Holstein sa seconde femme, monta sur le trône à la mort de son père. Il est un des ornemens de la Suède et de son siècle. Après avoir parcouru une partie de l'Europe, il est tué en conquérant à Lutzen, au sein de la victoire, en 1632.

La mort de ce prince, ainsi que celle de Charles XII, deux des héros les plus brillans qui aient occupé le trône de Suède, présentent une similitude singulière; tous deux ont expiré sur le champ de bataille, et le coup qui trancha leurs destinées, est demeuré pour nous un objet de doute et de discussion. La renommée veut qu'ils n'aient péri ni l'un ni l'autre par le sort de la guerre; elle les fait tous deux victimes de mains perfides. C'est une opinion fort commune aujourd'hui dans le nord, que ces deux rois célèbres ont péri assassinés. On dit que Gustave-Adolphe fut tué, au fort de l'action, par un duc de Saxe-Lawenbourg, auquel jadis à sa cour, il avait donné un soufflet pour manque de respect; ce duc passa aux Autrichiens le jour même de la bataille.

Christine, fille de Gustave-Adolphe, succède à son père par le choix des Etats. En 1650, elle fait reconnaître pour son successeur Charles-Gustave, fils de Jean-Casimir, comte Palatin du Rhin, et de Catherine de Suède, fille de Charles IX. En 1654, elle abdique, fait adjuration à Inspruck, et se retire à Rome. Depuis elle fait deux voyages en France et un autre en Suède à la mort de Charles-Gustave; elle meurt à Rome en 1689.

Charles-Gustave X, successeur de Christine, offre un des beaux règnes militaires de la Suède; il meurt en 1660.

Charles XI, fils du précédent, n'avait que cinq ans à son avénement au trône; il hérite de Deux-Ponts en 1681, se fait accorder en 1682, par le clergé, les bourgeois et les paysans, le pouvoir absolu, dont il use avec dureté; il inonde la Pologne, et fait trembler le Danemarck.

Charles XII, fils du précédent, monte sur le trône à la mort de son père en 1697; il n'avait alors que quinze ans. En 1699, il eut à soutenir la ligue qui s'était formée contre lui entre le Danemarck, la Pologne et la Russie. En 1700, Charles pénètre en Danemarck pour soutenir Frédéric, duc de Holstein-Gottorp, son beau-frère, qui fut l'aïeul de Pierre III, empereur de toutes les Russies; et en six semaines, il force Frédéric IV au traité de Travendal, par lequel il rend toutes les places du Holstein. La même année, avec neuf mille Suédois, il bat soixante mille Russes à Narva. En 1701, il bat le roi de Pologne à Riga, et chasse les Russes de la Courlande. En 1704, il force les Polonais à déposer Frédéric-Auguste, et à lui substituer Stanislas Leczinski. En 1706, il entre en Saxe, et force Frédéric-Auguste à donner lui-même sa renonciation. En 1708, il porte la guerre dans les Etats du czar ; mais au lieu de passer par la Livonie, ce qui l'eût laissé en communication avec ses Etats, il veut pénétrer à Moskou, en traversant les déserts de l'Ukraine. En 1709, il arrive, avec une armée épuisée par la disette, devant Pultawa, sur les confins de l'Ukraine et de la Russie ; il y est battu par le czar, perd son armée, et est réduit à fuir en Turquie ; il passe le Borysthène, gagne Oczakow, et trouve un asile en Bessarabie ; il y est défrayé par le sultan. Charles demande une armée, qu'il n'obtient pas ; la Porte traite au contraire avec le czar. En 1713, après trois ans et demi de séjour en Turquie, Charles reçoit l'ordre de partir, il s'y refuse ; on l'assiége dans son palais, il se défend ; on y met le feu, il se jette à travers les flammes au milieu des ennemis ; une chute permet de le saisir, on le conduit à Andrinople, où le sultan lui fait accueil. En 1714, il quitte la Turquie, et arrive à l'improviste à Stralsund, après avoir traversé incognito toute l'Allemagne. Les rois de Danemarck et de Prusse, qui lui avaient déclaré la guerre lors de sa disgrâce, mettent le siége devant Stralsund. Il quitte la ville lorsqu'il la voit dans la nécessité de capituler. En 1718, il assiége Frédérickshall en Norwège, et y est tué. Il ne fut point marié. Sa sœur Urique lui succède par le choix des Etats, qui abolissent le pouvoir absolu ; elle associe son époux Frédéric de Hesse-Cassel au trône ; il lui survécut de six ans, et eut pour successeur Adolphe-Frédéric II, évêque de Lubeck, élu successeur au trône de Suède en 1743, par l'influence de l'impératrice Elisabeth. Peu de princes ont été aussi gênés que lui dans l'exercice de l'autorité, et aucun peut-être n'eut des vues mieux intentionnées. C'est sous lui que prennent naissance les deux célèbres factions des bonnets et des chapeaux, qui, sacrifiant leur pays à des intérêts étrangers, ont laissé cinquante ans dormir la gloire et l'influence de la Suède, et fait craindre son anéantissement. Gustave III, son fils, lui succéda en 1771, et meurt assassiné en 1792. Il est particulièrement célèbre par la fameuse révolution de 1772, qui, en peu d'heures, sans qu'il en coûtât une goutte de sang, changea tout-à-fait le gouvernement de la Suède, rendit au roi son autorité, au peuple le repos, et à la

Suède son rang et son influence politique. Il eut pour second frère le duc d'Ostrogoth, mort à Montpellier en 1803. Gustave IV, fils du précédent, monte sur le trône en 1792, à l'âge de quatorze ans, sous la régence de son oncle Charles, duc de Sudermanie. Gustave, devenu majeur, digne de son père par son énergie, mais ne sachant pas céder aux circonstances, jette son pays dans des guerres qui ne pouvaient que lui être funestes, et qui amènent sa propre ruine. Arrêté par ses propres officiers, il abdique en 1809. Les Etats appellent au trône le duc de Sudermanie son oncle, et excluant encore sa postérité, ils élisent pour prince royal ou héréditaire le prince Danois Christian de Holstein, du rameau d'Augustembourg.

Charles XIII, oncle de Gustave IV, fait la paix avec la Russie, à qui la Suède abandonne la Finlande conquise par les Russes, et avec la France, qui rend la Poméranie. En 1810, le prince royal mourut subitement. Les Etats élisent à sa place Jean-Baptiste-Jules Bernadotte, prince de Ponte-Corvo, général Français, né à Pau, et beau-frère de Joseph Bonaparte, alors roi d'Espagne. En 1812, la Suède s'allie à la Russie; la Norwège lui est promise. Le prince royal Bernadotte prend part à la guerre des alliés, et combat les Français à la tête des armées russes et prussiennes. C'est alors que plusieurs officiers Français, pénétrés de l'amour de la patrie, abandonnèrent leur ancien général. Une pareille conduite est digne des plus grands éloges. En effet, il y a quelque chose de si grand, de si pur; elle comprend tant de souvenirs, tant d'affections, l'idée de la patrie, qu'on est forcé d'admirer même ceux qui ne font que leur devoir. D'un autre côté, quelle est la situation d'un homme qui combat son propre pays? C'est vers le ciel qui l'a vu naître, c'est vers ses concitoyens, ses amis, ses parens, qu'il lance le trait de mort qui ne devrait atteindre que l'ennemi de sa patrie. Ah! celui qui a combattu sous le grand Napoléon, qui a défendu son pays avec autant de vaillance et de courage que le maréchal Bernadotte, a dû éprouver un violent saisissement d'effroi en dirigeant les bouches de son artillerie du côté de la France!

L'espoir de rendre heureux les Suédois, disons-le même, son ambition, ont dû lui coûter bien cher; car on n'abandonne pas aisément ce qu'il y a de plus saint dans l'espèce humaine, l'amour de la patrie. Charles XIII étant mort en 1818, Bernadotte lui a succédé sous le nom de Charles-Jean.

ALLEMAGNE.

APERÇU GÉNÉRAL. — DIVISION. — RÉUNIONS. — SUBDIVISION. — HISTORIQUE.

LORSQUE plus de trois cents États représentés à la diète germanique, reconnaissaient la suprématie d'un chef élu sous le titre d'empereur, l'Allemagne pouvait être considérée comme une vaste contrée divisée en principautés, et, pour ainsi dire, en préfectures. Plus séparée du reste de l'Europe, les Allemands pouvaient se regarder comme formant un seul corps de nation; mais aujourd'hui que l'Allemagne se réduit à trente-neuf souverainetés indépendantes, dont quelques-unes sont assez importantes pour se suffire à elles-mêmes, des intérêts opposés ont en quelque sorte détruit le lien fédératif: il n'y a donc plus, à proprement parler, d'Allemagne, ou du moins elle diffère entièrement de celle du 16.ᵉ siècle. Jadis le clergé et la noblesse jouissaient en Allemagne d'une prépondérance et de prérogatives onéreuses au peuple. La réformation religieuse a miné, puis détruit le pouvoir temporel du clergé; la tolérance est devenue le besoin du plus grand nombre; l'esprit de liberté a fait quelques conquêtes, et tout a changé. Délivrés aujourd'hui des corvées, gouvernes par un petit nombre de princes, les Allemands n'ont pu que gagner à cet ordre de choses. Les impôts ont été répartis avec plus de régularité, les routes ont offert des moyens de communication plus faciles, et l'aisance s'est accrue dans toutes les classes.

La manière de vivre divise ce pays en deux régions. L'Allemand du nord, nourri de pommes de terre, de beurre et de fromage, abreuvé de bière et d'eau-de-vie, est le plus robuste, le plus frugal et le plus éclairé; délicat dans sa manière de vivre, habitué au vin, quelquefois même adonné à l'ivresse, l'Allemand du midi se montre plus gai, mais aussi plus superstitieux. C'est dans cette partie de l'Allemagne que le voyageur remarque ces nombreux châteaux, restes antiques de la féodalité. Tandis que dans le nord, les habitations nombreuses, les villages ornés de fontaines, les maisons propres et bien entretenues, les routes belles et bordées d'arbres fruitiers, et les champs bien cultivés, annoncent les lumières et l'aisance des habitans.

Une femme célèbre (madame de Staël) a peint l'Allemagne d'un seul mot, en l'appelant la patrie de la pensée : cette contrée fourmille de savans ; mais ils ne sont pas, comme dans les autres Etats, établis au sein des capitales. Les méthodes d'instruction publique sont supérieures à celles de nos colléges ; il ne faut pas, comme chez nous, dix années pour la connaissance du latin, et cependant il est peu de pays où l'on trouve autant de gens qui soient instruits en langues mortes.

La gymnastique fait, en général, partie de l'éducation ; ces exercices non-seulement donnent de la souplesse et de la force à notre corps, mais encore ils procurent au physique les moyens d'exercer une influence salutaire sur le moral. Le jeune homme qui s'adonne aux jeux du gymnase, chérit et conserve la pureté des mœurs ; son corps, fatigué par un amusement salutaire, fuit les dangereux effets du libertinage, auxquels la mollesse et le repos entraînent trop souvent.

Quelques améliorations sont cependant de toute nécessité : qu'elle adopte un vaste régime représentatif, et qu'elle n'entrave point son commerce intérieur ; que son système de mesure et de monnaies soit uniforme ; qu'elle fasse creuser des canaux, qu'elle tâche de posséder une marine, que l'union existe entre les peuples de ses divers Etats, et alors elle deviendra florissante au-dedans, et respectée au-dehors.

---

[1] Le but de la confédération germanique est le maintien de la sûreté extérieure et intérieure de l'Allemagne, et l'indépendance des Etats confédérés. Tous les membres de la confédération sont égaux en droits ; ils s'obligent tous également à maintenir l'acte qui constitue leur union. Les affaires de la confédération sont confiées à une diète fédérative, dans laquelle tous les membres votent par leurs plénipotentiaires, soit individuellement, soit collectivement. L'Autriche préside la diète : le vote collectif s'emploie pour les affaires ordinaires, c'est le mode habituel ; le vote individuel ne s'emploie que dans les grandes occasions. La diète siége à Francfort-sur-le-Mein. Chaque Etat se gouverne par ses lois particulières, mais tous doivent avoir des assemblées représentatives.

Ordre Politique des Membres de la Confédération germanique, leurs Réunions et leurs Votes.

	VOIES	
	Individuels.	Collectifs.
1. L'Empereur d'Autriche, qui s'est adjugé ce titre en 1804.	4	1
2. Le Roi de Prusse.	4	1
3. Le Roi de Bavière, titre créé par Napoléon en 1805. .	4	1
4. Le Roi de Saxe, titre créé par Napoléon en 1806. . .	4	1
5. Le Roi de Hanovre, titre amené par la chute de Napoléon en 1814	4	1
6. Le Roi de Wurtemberg, titre créé par Napoléon en 1806.	4	1
7. Le grand-duc de Bade, titre créé par Napoléon en 1806.	3	1
8. L'Electeur de Hesse-Cassel.	3	1
9. Le grand-duché de Hesse-Darmstadt, titre créé par Napoléon en 1806.	3	1
10. Le Roi de Danemarck (pour le Holstein et le Lawenbourg.)	3	1
11. Le Roi des Pays-Bas (pour le Luxembourg), titre amené par la chute de Napoléon en 1815.	3	1
12. Le duc de Brunswick.	2	
13. Le grand-duc de Nassau, titre créé par Napoléon en 1806.	2	1
14. Le grand-duc de Mecklenbourg-Schwerin, conservé par Napoléon en 1808.	2	
15. Le grand-duc de Mecklenbourg-Strélitz, conservé par Napoléon en 1808.	1	1
16. Le grand-duc de Saxe-Weimar, titre créé par Napoléon en 1806.	1	
17. Le grand-duc de Saxe-Gotha (a), titre créé par Napoléon en 1806.	1	
18 Le grand-duc de Saxe-Cobourg, titre créé par Napoléon en 1806.	1	1
19. Le grand-duc de Saxe-Meinungen, titre créé par Napoléon en 1806.	1	
20. Le grand-duc de Saxe-Hildburghausen, titre créé par Napoléon en 1806.	1	
21. Le duc d'Oldenbourg.	1	
22. Le duc d'Anhalt-Dessau, conservé par Napoléon en 1807.	1	
23. Le duc d'Anhalt-Bernbourg, conservé par Napoléon en 1807.	1	
24. Le duc d'Anhalt-Kœthen, conservé par Napoléon en 1807.	1	1
25. Schwarzbourg-Sondershausen, conservé par Napoléon en 1807.	1	
26. Schwarzbourg-Rudolfstadt, conservé par Napoléon en 1807.	1	
TOTAUX A REPORTER.	57	15

	VOTES	
	Individuels.	Collectifs.
Report.	57	15
27. Hohenzollern-Hechingen, conservé par Napoléon en 1806.	1	
28. Hohenzollern-Sigmaringen, conservé par Napoléon en 1806.	1	
29. Lichtenstein, conservé par Napoléon en 1806. . . .	1	
30. Waldeck, conservé par Napoléon en 1807.	1	1
31. Reuss-Aînée, conservé par Napoléon en 1807	1	
32. Reuss-Cadette, conservé par Napoléon en 1807. . . .	1	
33. Lippe-Schauenbourg, conservé par Napoléon en 1807. .	1	
34. Lippe-Detmold, conservé par Napoléon en 1807. . .	1	
35. Hesse-Hombourg, admis à la confédération en 1807. .	1	
36. Francfort-sur-le-Mein.	1	
37. Lubeck.	1	1
38. Brême.	1	
39. Hambourg.	1	
Totaux.	70	17

(a) Saxe-Gotha étant aujourd'hui possédé par Saxe-Cobourg, son vote individuel ne doit plus exister, ou le grand-duc de ces deux États doit avoir maintenant deux voix à la confédération.

* Subdivision des États secondaires d'Allemagne (1).

Le royaume de Bavière se divise en huit cercles, qui sont : ceux du Haut-Mein, du Bas-Mein, du Rézat, du Régen, du Danube inférieur, du Danube supérieur, de l'Iser ou l'Isar, et du Rhin ou Bavière Rhénane.

Le royaume de Saxe est partagé en cinq cercles, qui sont : ceux de Leipzig, d'Erzgebirge, Voigtland, de Misnie et de Haute-Lusace.

Le royaume de Hanovre comprend six préfectures, savoir : Aurich, Osnabruck, Hanovre, Stade, Lunebourg et Hildesheim.

(1) Nous comprenons sous le titre d'États secondaires, les pays qui sont compris en entier dans la confédération. Quant aux provinces et duchés appartenant à l'Autriche, à la Prusse, au Danemarck et aux Pays-Bas, ils ont été divisés avec les autres parties de ces monarchies.

Le royaume de Wurtemberg se divise en quatre cercles, savoir : Iaxt, Necker, Schwarzwald et Danube, subdivisés en douze bailliages.

Le grand-duché de Bade se divise en six cercles, savoir : Mein et Tauber, Necker, Murg et Pfinz, Kinzig, Treisam et Wiesem, Lac et Danube.

L'électorat de Hesse-Cassel se divise en neuf provinces, savoir : Cassel ou Basse-Hesse, Haute-Hesse, Fritzlar, Hersfeld, Siegenhayn, Fulde, Isembourg, Hanau et Schmalkalden.

Le grand-duché de Hesse-Darmstadt comprend trois provinces, qui sont : celles de Haute-Hesse, de Starkenbourg et du Rhin.

Le duché de Brunswick renferme cinq districts, qui sont : ceux de Blankenbourg, Harz, Schoningen, Weser et Wolfenbuttel, qui se subdivisent en dix-neuf cercles.

Le grand-duché de Nassau se divisait anciennement en trois gouvernemens, Wisbaden, Weilbourg et Dillenbourg ; il comprend aujourd'hui vingt-huit bailliages.

Le grand-duché de Mecklenbourg-Schwerin se divise en six districts, qui sont : ceux de Wismar, Schwerin, Parchim, Rostock, Gustrow et Plau.

Le grand-duché de Mecklenbourg-Strélitz possède neuf enclaves.

Le grand-duché de Saxe-Weimar se divise en deux principautés, savoir : Saxe-Weimar et Saxe-Eisenach ; ce duché comprend encore plusieurs enclaves.

Le grand-duché de Saxe-Gotha comprend deux principautés, qui sont : Gotha et Altenbourg ; il renferme aussi plusieurs enclaves.

Le grand-duché de Saxe-Cobourg forme les cercles de Cobourg, Neustadt, Rodach et Themar ; il possède quelques enclaves.

Le grand duché de Saxe-Meinungen possède plusieurs enclaves ; celui de Saxe-Hildburghausen a le territoire de Kœnigsberg enclavé dans le royaume de Bavière.

Le duché d'Oldenbourg se divise en trois parties, qui sont : l'ancien évêché de Lubeck, le duché d'Oldenbourg et la principauté de Birkenfeld. Le duché d'Anhalt-Dessau ne forme pas un tout contigu ; il se divise en quinze bailliages ; celui d'Anhalt-Bernbourg se divise en deux principautés, subdivisées en neuf bailliages ; celui d'Anhalt-Kœthen, formé de quatre parties séparées, se subdivise en sept bailliages et une principauté.

La principauté de Schwarzbourg-Sondershausen a la partie

septentrionale de ses États, enclavée dans le territoire prussien, et la partie méridionale dans les duchés de Saxe. Schwarzbourg-Rsudolfstadt est enclavée au milieu de plusieurs duchés de Saxe. Les deux principautés de Hohenzollern, ainsi que celle de Lichtenstein, se trouvent enclavées au milieu d'étrangers. Waldeck est une principauté divisée en trois bailliages, qui sont : Diemel, Eisenberg et Eder. Les principautes de Reuss, aînée et cadette, possèdent plusieurs enclaves ; elles se subdivisent en plusieurs districts. Les principautés de Lippe-Schauenbourg et de Lippe-Detmold, comprennent, outre plusieurs bailliages, quelques pays hors de leurs territoires. Le landgraviat de Hesse-Hombourg est l'un des plus petits États de la confédération ; son territoire est enclavé au milieu d'étrangers.

Nous allons définir maintenant les quatre villes libres d'Allemagne : Francfort, l'une d'elles, est le siége de la diète où se traitent les intérêts communs de la confédération germanique ; elle est divisée en deux parties, réunies par un pont de pierre. Le territoire de cette ville renferme deux bourgs et cinq villages ; son nom semble confirmer la tradition, que c'est sur l'emplacement de cette ville que les Francs se rassemblèrent au 5.e siècle, pour entrer dans les Gaules. Le mot *furt* signifie gué ou passage. Charlemagne augmenta cette ville après avoir défait les Saxons.

Lubeck, Brême et Hambourg, toutes trois villes libres, possèdent des territoires enclavés hors de leurs États ; ces trois villes faisaient anciennement partie de la ligue anséatique, un des phénomènes les plus étonnans de l'histoire des États modernes de l'Europe.

L'origine de cette ligue est due non-seulement à la nécessité de protéger le commerce de la Baltique contre les pirates, mais encore au besoin de conserver les libertés acquises par plusieurs villes impériales ; on fait remonter cette ligue à l'an 1164, et Brême passe pour être la première qui en conçut le projet, et qui l'exécuta.

Les richesses que ces villes acquirent par cette alliance furent si considérables, que la plupart des cités commerçantes de différens pays demandèrent à en faire partie. Avec le temps, cette ligue perdit son énergie et sa puissance : les causes qui avaient contribué à sa formation s'éteignirent graduellement ; son commerce subsista, mais ses armées devinrent inutiles.

Au commencement du 18.e siècle, le nombre des villes anséatiques se réduisait à six, Brême, Lubeck, Hambourg, Rostock, Dantzick et Cologne. Ce titre qu'elles conservaient était déjà sans signification, car elles n'avaient plus d'alliance à maintenir.

L'Allemagne fut d'abord le passage ou la terre natale des Barbares, ensuite la propriété des Francs ; elle devint une couronne élective à la chute de l'empire de Charlemagne. A cette époque, les Allemands élurent Arnould, descendant bâtard de Charlemagne. A la mort de ce prince, qui, à la faveur des troubles, s'était fait couronner empereur à Rome, les peuples élurent pour lui succéder, Louis IV, dit l'Enfant, parce qu'il n'avait que sept ans : celui-ci mourut avant d'être marié, et dans sa personne finit la race Carlovingienne allemande, qui avait régné cent onze ans sur ce pays, et lui avait donné dix empereurs.

Alors dans toute l'étendue de la Germanie, les vassaux durent se croire dégagés de toute sujétion légitime. La faiblesse des empereurs les avait rendus presque indépendans ; l'extinction de leur race achevait d'en faire de véritables souverains. Ils pouvaient sans doute jouir chacun séparément d'une usurpation contre laquelle personne n'eût réclamé ; cependant ils ne le firent point : pour cette fois le danger l'emporta sur l'ambition, et la crainte tint lieu de justice.

Les Hongrois, qui ne sentaient plus la main puissante de Charlemagne, avaient brisé les barrières créées par son génie, et poussaient leurs incursions dévastatrices jusque dans le cœur de l'Allemagne, tandis que les Bohêmes, les Slaves, le Vénèdes et les Danois, désolaient à l'envi d'autres parties de l'empire. La vue de tant d'ennemis porta les Germains à resserrer leur union, et à la rendre respectable sous l'autorité d'un chef. Toute la nation s'assembla, et offrit la couronne à Othon, duc de Saxe, qui la refusa, dit-on, à cause de son grand âge, et la fit tomber sur Conrad, duc de Franconie ; action d'autant plus généreuse, que Conrad était son ennemi, et avait du mérite. Celui-ci régna peu de temps, et mourut avant d'avoir pu consolider les pièces éparses de cette vaste monarchie.

Les peuples, assemblés de nouveau, s'adressèrent une seconde fois à la maison de Saxe, et présentèrent la couronne au successeur du vieux Othon, qui, n'imitant pas le refus de son père, l'accepta. Cette maison a régné cent cinq ans, et a donné cinq empereurs à ce royaume. Ils conquièrent l'Italie, et la gouvernent, ainsi que l'Allemagne, en vrais souverains.

Ils nomment ou confirment les papes, et disposent de tous les bénéfices dans leurs Etats.

Ils enrichissent le clergé pour l'opposer aux grands vassaux, et établissent les palatins provinciaux pour restreindre l'autorité des ducs. Les fiefs qui n'étaient d'abord qu'à vie, commencent à devenir héréditaires. Sous cette période, les empereurs confèrent tous les fiefs vacans suivant leur bon plaisir.

A la mort de Henri-le-Saint, dernier des empereurs Saxons, la couronne impériale sortit de la maison de Saxe, quoiqu'il restât encore de la postérité mâle de Henri-l'Oiseleur, et passa, d'après le vœu même de Henri-le-Saint, dans la maison de Franconie. Cette période a duré cent neuf ans, et a donné cinq empereurs à l'Allemagne. Ils héritent du royaume des Deux-Bourgognes, dont ils ne peuvent profiter ; les papes secouent le joug, et commencent la guerre du sacerdoce, qui dura près de trois cents ans. Le clergé, les ducs et les princes, s'unissent contre les empereurs, et profitent de leurs embarras pour élever leur indépendance. Tous les fiefs deviennent héréditaires, et les titres mêmes se transmettent sans office. Sous cette période, les Etats gagnent de concourir à la collation des fiefs majeurs. Le dernier roi de cette race fut Henri V ; un empereur d'une maison particulière la sépare de la période de Souabe : c'est Lothaire II, duc de Saxe et comte de Supplembourg. Il fut élu furtivement, en 1125, par une portion de l'assemblée, à l'exclusion du duc de Souabe, dont le parti était infiniment plus nombreux : cela causa une grande guerre entre Lothaire et la maison de Hohenstauffen, qui remplit presque tout le règne de cet empereur.

A la mort de Lothaire, il se trouva deux maisons bien puissantes dans l'empire ; celle de Hohenstauffen, qui possédait les duchés de Souabe et de Franconie, et celle de Wells ou Guelfs, qui commandait aux Bavarois et aux Saxons. Les chefs de ces deux maisons briguèrent la couronne ; le duc de Saxe et de Bavière, Henri-le-Superbe, beaucoup plus puissant, semblait devoir l'emporter ; mais plusieurs princes, redoutant ses grandes forces et son caractère trop fier, jugèrent son rival Conrad beaucoup moins dangereux, et le firent nommer par supercherie, à peu près de la même manière dont Lothaire l'avait été. Il en résulta les mêmes conséquences ; les deux maisons se battirent. Conrad, sous prétexte qu'un même prince ne pouvait posséder qu'un duché à la fois, dépouille Henri des deux qui faisaient son patrimoine ; mais celui-ci en recouvre un par les armes, et meurt en attaquant l'autre. La querelle se continue après sa mort. Il est bon de remarquer que c'est dans un de ces combats qu'on a prétendu trouver l'origine des noms trop malheureusement célèbres de Guelfs et de Gibelins ; ces deux noms, qu'une fatalité cruelle devait rendre si fameux, servirent d'abord à différencier en Allemagne les partisans des deux maisons ; bientôt, prenant une acception plus générale, ils exprimèrent le parti mécontent, et le parti royaliste ; enfin, changeant presque de nature au-delà des Alpes, ils désignèrent en Italie les partisans des papes et des empereurs, ou, pour mieux dire encore, ils y fondèrent deux factions ennemies, qui, changeant souvent de motifs et d'intérêts, désolèrent le pays jusque dans le milieu du 15.ᵉ siècle.

Conrad, déterminé par les exhortations impolitiques et véhémentes du moine Bernard, partit, en 1146, pour une croisade ; emmena une foule innombrable de croisés, et revint de cette expédition sans autre fruit que la perte de presque tout son monde. Quelques auteurs ont prétendu qu'il mourut empoisonné.

La période de Souabe dure cent seize ans, et donne six empereurs ; ils conquièrent Naples, qui augmente leur embarras, en augmentant la haine des papes. La guerre du sacerdoce continue toujours avec acharnement, et finit par la destruction des empereurs. L'Italie leur échappe, et les princes allemands secouent le joug, se rendent indépendans, et détruisent la monarchie.

La plupart des fiefs originaires ne sont plus que de véritables souverainetés. Sous cette période, les empereurs ne confèrent plus de fiefs ni de titres, sans les Etats.

Après les trois périodes qui précèdent, arrive un long intervalle de confusion et d'anarchie. Les princes allemands ne cherchant plus que leur indépendance particulière, se donnent des chefs purement titulaires dans les personnes de Richard de Cornouailles, et Alphonse de Castille. Durant ce long interrègne, le désordre monte au comble, tous les nœuds se relâchent, et l'on ne connaît en Allemagne d'autre loi que la convenance et la force. Enfin l'excès du mal même amène son remède ; les princes en

reviennent à se donner un chef, et choisissent Rodolphe de Habsbourg ; époque devenue bien importante , parce qu'elle commence
le système moderne de l'Allemagne, et qu'elle place sur le trône
impérial une maison devenue par la suite bien fameuse dans
l'histoire de l'Europe.

De toutes les institutions et les changemens auxquels le long
interrègne donne naissance , le plus remarquable et le plus caractérisé sans doute , fut de changer tout à coup en sytème fédératif
le système féodal qui jusqu'alors avait gouverné l'empire.

Il y avait plus de vingt ans que l'Allemagne était sans chef
véritable ; et le temps était venu où les forts et les faibles, les
oppresseurs et les opprimés, formaient également des vœux pour
le retour de l'ordre et des lois ; ceux-ci pour voir finir leur
misère, ceux-là pour affermir leur usurpation. Alors on s'assembla pour élire un empereur ; mais on disputa long-temps sans
pouvoir s'accorder. On sent aisément que le besoin d'un souverain
ne rendait point son choix moins difficile ; on désirait bien une
autorité suffisante pour faire respecter la justice à l'avenir, mais
on redoutait d'en avoir un capable de redresser tous les torts
qui avaient été commis contre elle. Il s'agissait donc de trouver
un prince de grands talens et de peu de fortune, qui n'eût d'autre
puissance que celle qu'on voudrait bien déposer entre ses mains :
or, Rodolphe se trouvait dans la position heureuse d'être tout
ce que l'on cherchait ; ce prince devint empereur, remit de
l'ordre dans l'empire, fit la fortune de sa famille , et mourut
en 1291.

A sa mort , les électeurs , effrayés de la puissance de ses enfans ,
se donnèrent bien de garde de choisir un successeur dans sa
famille ; ils élurent Adolphe de Nassau, prince d'un mérite brillant, mais de peu de fortune. Cependant Albert, fils aîné de
Rodolphe, ambitieux et avide, brûlait de conserver le trône
qu'avait occupé son père ; il parvint, par ses intrigues, à occa-
sioner un soulèvement contre l'empereur légitime ; il se mit
à la tête des révoltés, et de sa propre main tua Nassau dans
un combat sanglant, dont le succès fut complet, et lui valut la
couronne : mais, dit un historien, et ceci mérite d'être remarqué, Nassau s'attira le mépris des grands de l'empire , en rece-
vant de l'argent du roi d'Angleterre, pour faire la guerre à la
France. On voit que ce procédé, bien qu'employé de nos jours,
n'est pas nouveau ; mais il était alors réputé vil et méprisable ;

aujourd'hui l'habitude n'affaiblit pas le sentiment de cette honte. Nassau était accusé, en outre, de toutes sortes d'excès.

Albert régna dix ans, et eut pour successeur Henri, comte de Luxembourg, dont la famille s'éleva, suivant l'usage, par cette dignité passagère, et fournit depuis plusieurs empereurs. Albert se conduisit avec bien peu de ménagement à l'égard de la Suisse qui relevait de l'empire ; il y avait des gouverneurs dont l'insolence et la férocité excitèrent un peuple fier, et Guillaume Tell donna le premier l'exemple d'un élan hardi vers la liberté. Le despotisme détacha la Suisse de l'Allemagne, comme la Hollande de l'Espagne. Ce prince, d'une cupidité insatiable et d'une avarice extrême, fut assassiné par Jean, l'un de ses neveux, dont il retenait les biens.

La maison de Luxembourg, sous laquelle la poudre à canon et l'imprimerie ont été inventées, régna cent vingt-neuf ans, et donna cinq empereurs. Le dernier, Sigismond, ne laisse qu'une fille, qui porte son héritage à Albert II d'Autriche. Ce prince jouit peu de sa dignité nouvelle, et l'Allemagne, à sa mort, pleura les beaux jours qu'elle attendait de ses rares talens et de son heureux naturel. Il laissa après lui un fils, qu'on appela Ladislas-le-Posthume ; entre autres preuves de sagesse, il réforma la procédure qu'on appelait Véhémique, instituée par Charlemagne contre les Saxons. C'était un conseil secret qui condamnait à mort sans même instruire l'accusé de la procédure, et lui annonçait son crime au moment de l'exécution. Ce prince, qui donnait de belles espérances, laissa de justes regrets.

Son cousin-germain, Frédéric, fut tout à la fois administrateur des Etats du jeune héritier son parent, et successeur à la couronne de son père.

Les Hongrois s'emparèrent de Vienne, et l'en chassèrent ; il ne put y rentrer qu'à la mort de leur roi. Ce prince vit sous son règne, les Turcs s'emparer de Constantinople ; Frédéric ne vit à cet évènement qu'un motif de terreur, et pourtant ce devait être la fortune de ses enfans ; car toute la Germanie effrayée prit l'alarme à l'approche des Barbares, et pour établir un boulevard contre les hordes musulmanes, ils affermirent la maison d'Autriche, qui se trouvait précisément sur le terrain, ce qui a valu aux descendans de Rodolphe la souveraine puissance et le sceptre héréditaire de l'empire.

Ce prince mourut peu après, ayant déshonoré la pourpre impériale par son indolence, son avarice et sa lâcheté.

Maximilien Ier succéda à son père en 1493. Nul roi des Romains ne commença sa carrière plus glorieusement que Maximilien ; la victoire de Guinegatte sur les Français, l'Autriche reconquise, Arras prise, et l'Artois gagné d'un trait de plume, le couvraient de gloire. Son mariage avec Marie de Bourgogne accrut de beaucoup ses États ; cependant ce prince, au milieu de tant de biens, se trouvait toujours sans argent. Lorsqu'il fut épouser Marie de Bourgogne, il arriva devant elle dans un équipage si mesquin, qu'elle fut obligée, même avant la cérémonie, de lui fournir jusqu'aux vêtemens les plus nécessaires, afin qu'il pût paraître dans un état digne d'elle. Devenu veuf, il avait épousé, par procuration, l'héritière de Bretagne ; mais le manque de deux mille écus l'empêcha d'aller consommer son mariage, et fit que Charles VIII, roi de France, lui enleva cette princesse. Ce fut autant pour dettes, que pour avoir violé leurs priviléges, que les Flamands le retinrent prisonnier neuf mois dans Bruges ; ce fut pour avoir 500 mille ducats qu'il épousa Blanche Sforze, qui n'était qu'une fille d'un soldat de fortune ; enfin, ce fut encore pour avoir de l'argent, que, sur la fin de ses jours, on vit ce chef de l'empire, maître de tant de souverainetés, porter l'écharpe d'Henri VII, combattre à sa solde, et recevoir une certaine somme journalière pour sa nourriture. Sous son règne, Luther commence à dogmatiser l'Allemagne. Maximilien maria l'un de ses fils à Jeanne, fille d'Isabelle et de Ferdinand ; cette princesse avait un frère et une sœur mariés, ainsi qu'un neveu qui devaient succéder avant elle. L'heureuse étoile de la maison d'Autriche fit disparaître tous ces prétendans en moins de quatre ans ; et Jeanne, l'unique héritière de tant de contrées, ne pouvant se consoler de la perte de son époux, devint folle ; mère de deux empereurs et de quatre reines, elle expira sur la paille, se battant contre des chats : c'était sa folie. Le fameux Charles-Quint naquit de ce mariage ; si la fortune peut se prendre pour le bonheur, certainement jamais mortel ne dut paraître plus heureux que ce prince. A dix-neuf ans, il se trouva tout à la fois empereur et héritier de la maison d'Autriche, de Bourgogne, de Castille, d'Aragon et de Naples, tandis que, d'un autre côté, on découvrit, en son nom, un nouvel hémisphère et des trésors incalculables. Le règne de ce prince est de ceux dont on ne peut présenter l'extrait, parce que leur histoire est celle de tous leurs contemporains : il faut la lire dans son entier ; elle a été parfaitement bien traitée par l'anglais Robertson.

Charles-Quint fut le plus grand et le plus puissant prince de son temps ; son règne est surtout remarquable par la rivalité de François I.er, roi de France, et la prise de ce dernier après la bataille de Pavie, la confession d'Augsbourg, son expédition en Afrique, et surtout par sa démission de l'empire, et même de la royauté en Espagne ; car ce prince, fatigué du monde, dégoûté de toutes ses grandeurs, abdiqua ses couronnes à l'âge de cinquante-six ans, et se retira dans un monastère, traînant après soi l'ennui d'un cœur tout étonné de chercher encore le bonheur, après avoir possédé, jusqu'à la satiété, tout ce qui compose les désirs les plus avides des hommes.

Ferdinand I.er succéda à son frère Charles-Quint ; il semblait que ce fût alors le sort de la maison d'Autriche d'hériter partout. Ferdinand avait épousé la sœur unique de Louis II, roi de Bohême, et ce jeune prince ayant perdu la vie à la bataille de Mohacz, Ferdinand recueillit ses Etats au droit de sa femme, et fit rentrer alors dans sa maison, la Hongrie et la Bohême, qui en étaient sorties depuis environ soixante ans. Ferdinand avait été nommé roi des Romains du vivant de son frère : ce prince sage se fit aimer par sa libéralité et sa clémence, estimer par sa prudence et sa justice ; il s'occupa beaucoup de la réunion des catholiques et des protestans. Cet événement désirable eût prévenu sans doute les funestes époques qui déshonorent l'histoire de l'Europe. Ferdinand n'était peut-être pas bien éloigné de l'obtenir, lorsque la mort vint l'arracher à ce projet salutaire et bienfaisant.

Maximilien II, élu roi des Romains du vivant de son frère, lui succéda à l'empire : intéressant par l'excellence de son caractère, il poursuivit avec chaleur le beau plan de son père au sujet des deux religions ; il eut la douleur de ne pas réussir. Il se rendit cher aux protestans par sa tolérance, et à l'Allemagne entière par ses vertus aimables, qui lui valurent de la part de ses peuples le doux surnom de Titus.

Rodolphe II son fils lui succède ; il prend les rênes de l'empire, qu'il tient d'une main faible. Il laisse agir son frère Mathias contre les intérêts de sa maison, puis il l'envoie soutenir la guerre contre les Turcs. Plusieurs princes d'Allemagne profitèrent de la faiblesse de son règne, pour se rendre indépendans. Il avait des goûts qui conviennent à un particulier : il aimait l'astronomie, l'art de distiller ; mais malheureux dans sa famille, dépouillé par son frère Mathias, il tomba dans une mélancolie noire et soupçonneuse ; il se bannit tout-à-coup du commerce des hommes , et se retira dans les lieux les plus écartés de son palais.

Mathias était âgé lorsqu'il succéda à son frère. Il était déjà roi de Hongrie et de Bohême. Les protestans de Bohême, qu'il avait soumis à son cousin Ferdinand en lui cédant le royaume de Bohême , lésés dans leurs priviléges par ce prince, excitèrent une guerre qui dura 30 ans. Ils eurent pour général l'illustre Mansfeld , qui mérita et obtint de grands succès. Le voisinage et la crainte des Turcs rendaient les élections plus promptes.

Ferdinand II , déjà roi de Bohême et de Hongrie, succéda à son cousin ; mais la Bohême se révolta contre lui , parce qu'elle craignait son intolérance religieuse. Les troubles de l'Allemagne furent augmentés par l'habileté de Richelieu, qui, voulant abaisser la maison d'Autriche , excita contre elle les princes qu'elle avait intérêt de soumettre ; et Gustave-Adolphe , roi de Suède , se ligua aussi contre Ferdinand II , qui ne bornait pas son autorité au despotisme, puisqu'il condamnait à mort quiconque avait eu le malheur de lui déplaire : c'est ainsi que périt Walstein l'un de ses généraux. Il mourut après dix-sept ans d'un règne orageux. A cette époque, Ferdinand III , fils du précédent, monta sur le trône ; des guerres longues et malheureuses continuèrent de ravager l'Allemagne. L'empereur avait d'habiles généraux ; la France lui en opposa d'un aussi grand génie. Turenne , Condé, Torstenson, Wrangel , Deguiche , Bannier , remportent des victoires complètes sur les généraux saxons et impériaux ; et Ferdinand , privé par la force de tous ses alliés , réduit à la défense de ses Etats héréditaires , se vit forcé de faire la paix , et le traité de Westphalie devint une des lois fondamentales de l'empire.

Après les caractères fiers et ambitieux de Ferdinand II et Ferdinand III , on vit paraître le paisible et modéré Léopold. Il arrivait au moment où sa maison , privée de toute influence dans l'empire, avait encore à regretter une diminution considérable de son patrimoine. On aurait cru en voyant la faiblesse de ce prince et son peu de talens pour le trône , que la puissance autrichienne avait encore à descendre ; Léopold, au contraire, la releva tout-à-fait , et devint l'enfant gâté des circonstances : il fut contraint de combattre les Turcs, les Hongrois et la France. Jean Sobieski , roi de

Pologne, repoussa les Turcs ; les Hongrois furent contraints d
reconnaître la couronne héréditaire dans la maison d'Autr
che, et les autres puissances, craignant l'ambition de Louis XIV
le protégèrent contre la France. La couronne d'Espagne, pos
sédée par une branche de la maison d'Autriche, passa cependar
à Philippe V, petit-fils de Louis XIV ; il eut l'avantage de négocie
à Riswick sur un pied d'égalité qu'on n'attendait pas. Ses succè
lui donnèrent de la supériorité dans les diètes d'Allemagne, e
il fut le plus puissant empereur depuis Charles-Quint.

Joseph I.er recueillit l'héritage de son père ; il avait toutes le
qualités mâles pour mettre à profit les avantages de sa position
Le règne de Léopold avait préparé des fers à l'Allemagne ; ell
les porta durant celui de Joseph. Ce prince, vraiment habile
mais dangereux, mit au ban de l'empire les électeurs de Cologn
et de Bavière, ainsi que le duc de Mantoue, qui s'étaient déclaré
pour la France, et donna leur bien à ses parens. On protest:
inutilement contre cette violence. Cet empereur mourut aprè
un règne de six ans, dont chaque jour fut marqué par de
acquisitions de puissance ou des actes de pouvoir.

Charles VI, second fils de Léopold, était en Espagne lors d
la mort de son frère, disputant la couronne que réclamait Phi
lippe V. Il se rendit en Allemagne, et y fut couronné. Les princes
de l'Europe, attachés à l'équilibre, n'avaient combattu pour lui
que dans la crainte que son frère ne régnât sur les deux couronnes d'Espagne et de France ; aussi ne voulant cette réunion
sous aucun souverain, ils laissèrent Philippe V régner paisiblement en Espagne ; peu après, une guerre qu'il eut avec la France
à l'occasion du trône de Pologne, eut une issue défavorable. Il
croyait réparer ses pertes en tournant ses armes contre les Turcs,
mais il se trompa. Les maladies affaiblirent son armée ; les
Musulmans achevèrent de la détruire, et il eut la douleur de
voir échapper presque tout le fruit des brillantes conquêtes du
prince Eugène. Ce prince, qui était le dernier mâle de la maison
d'Autriche, employa presque tout son règne à assurer l'ordre
de sa succession ; il publia un testament fameux, connu sous le
nom de pragmatique-sanction, dans lequel il instituait pour
héritière universelle de tous ses Etats, sa fille aînée Marie-
Thérèse. Ce testament célèbre fut accepté, durant sa vie, par
ses sujets, ratifié par toutes les puissances de l'Europe ; cependant à peine Charles avait cessé de vivre, que sa succession

embrasait déjà l'Europe. La France, conduisant l'électeur de Bavière de succès en succès, le fit couronner archiduc d'Autriche, roi de Bohême; enfin, empereur sous le nom de Charles VII. Elle trouvait son avantage à enlever à la nouvelle maison d'Autriche-Lorraine, la supériorité que l'ancienne avait affectée; mais la guerre que les Hongrois faisaient à Charles VII, en défendant Marie-Thérèse, fut un trop grand fardeau pour un empereur accablé d'infirmités et dénué de grandes ressources. Thérèse reprit l'héritage de son père, et Charles, errant en Allemagne, ne trouva que dans la mort le terme de ses malheurs.

Thérèse, au comble de la fortune, fit proclamer son époux empereur sous le nom de François I.er. La guerre désolait alors l'Europe; la paix d'Aix-la-Chapelle rendit la tranquillité à l'Allemagne. Une nouvelle guerre allumée en 1756, et qui dura sept ans, fut heureusement terminée par le traité d'Endersbourg en Saxe : cette guerre sera à jamais l'étonnement de la postérité et la gloire des Prussiens. Attaqué par la plus grande partie de l'Europe, l'immortel Frédéric se défendit si bien, qu'il sortit de l'arène sans humiliation et sans perte, après avoir été plusieurs fois à la veille de perdre sa liberté, ses États et sa vie. Thérèse voulait s'emparer de la Bavière; mais Frédéric qui avait supporté qu'elle s'agrandît, de concert avec lui, en Pologne, prit les armes pour s'opposer à l'accroissement de sa rivale. Ce fut le dernier événement qui signala le règne de Marie-Thérèse. Cette princesse, vraiment illustre et courageuse, mourut en 1788; François son époux l'avait déjà devancée en 1765.

Joseph II, successeur de son père à l'empire, et de sa mère aux vastes possessions autrichiennes, eut un règne agité et malheureux : il visita une partie de l'Europe, et particulièrement la France, où il montra le désir des connaissances utiles. Sa sœur Marie-Antoinette avait épousé Louis XVI.

Léopold son frère fut son successeur; il quitta la Toscane dont il avait fait le bonheur, et vint porter au trône de l'empire la sagesse et la modération qui l'avaient rendu cher à ses premiers sujets. Il quitta le trône après un règne d'environ deux ans; son fils François II lui succéda. Le règne de ce prince, rempli par diverses guerres contre la France, est trop près de nous pour qu'il soit nécessaire d'en retracer les événemens. Le traité de Campo-Formio, ceux de Lunéville, de Presbourg et de Vienne, formeront une époque à jamais fameuse dans l'histoire de l'Europe, par les grands changemens qu'ils opérèrent.

TURQUIE.

APERÇU GÉNÉRAL. — DIVISION. — RÉUNIONS. — SUBDIVISION. — HISTORIQUE.

Nous allons contempler les contrées d'où l'immortelle clarté des sciences, des lettres et des beaux-arts s'est répandue sur notre Europe. La Grèce est la patrie commune du genre humain, puisqu'elle est la patrie des vertus, des talens et du génie : mais quel changement funeste attriste aujourd'hui ces pays jadis si charmans, cette fertile péninsule qu'arrose au nord le Danube, que baigne à l'est le Pont-Euxin, que la mer Egée et la Méditerranée embrassent au sud, et que borne à l'occident la mer Adriatique? Le mont Hémus se couronne encore de forêts verdoyantes ; le Danube·arrose encore son riche bassin ; les plaines de la Thrace, de la Macédoine et de la Thessalie, offrent encore au cultivateur de faciles moissons, tandis que les côtes, les péninsules et les îles, présentent mille ports et mille golfes où les flots familiarisés baignent le pied des collines chargées de vignes et d'oliviers : mais l'anarchie et l'ignorance ont rempli de déserts ces contrées, où jadis une ville pressait l'autre ; pour attester l'existence de l'ancienne Grèce, il ne reste que les ruines et les montagnes.

Espérons que la lutte terrible qui s'est engagée entre les Grecs et les Turcs depuis 1821, sera couronnée du succès. La barbarie succombant sous le poids de la civilisation, permettrait aux Grecs d'aujourd'hui d'élever leurs belles provinces à la hauteur de gloire qu'elles avaient sous leurs ancêtres.

Est-il un pays qui doive jouir d'un gouvernement libre, si la Grèce est esclave ? Cette terre fertile en grands hommes et riche de souvenirs historiques, cette contrée comblée par la nature de tous les dons que cette mère commune peut prodiguer à l'homme, cette Grèce remarquable par les monumens d'une gloire ineffaçable, où naquit la civilisation europénne, d'où le culte des muses tire son origine, où la sagesse eut des héros comme le patriotisme, a été cependant plus de quatre siècles sous le joug de vrais barbares. A force de vexations, les Grecs instruits ont dû nécessairement chercher à secouer le joug de leurs ignorans et grossiers oppresseurs. Puissent-ils réussir ! puisse la Providence ne pas laisser périr la patrie des grands hommes !

L'empire turc, en Europe, comprend deux parties principales, la Turquie et la Grèce. La division de ce royaume est fort peu connue ; de là l'embarras de le décrire ; on s'accorde volontiers à le diviser en dix provinces réunies à différentes époques.

* *Provinces renfermées dans la Turquie d'Europe.*

Ces provinces sont : la Moldavie, capitale Jassi ; la Valachie, capitale Bukarest ; la Bulgarie, capitale Sophia ; la Servie, capitale Belgrade ; la Bosnie, capitale Bosna-Sérai ; la Romélie, capitale Constantinople, qui l'est aussi de toute la Turquie ; l'Albanie, capitale Janina ; la Livadie, capitale Athènes ; la Morée, capitale Tripolitza, et les îles de l'Archipel, dont le la principale est Candie : la Livadie, la Morée et les îles sont habitées par les Grecs.

Voici l'ordre de réunion des provinces de la Turquie d'Europe : une partie de la Romélie fut réunie en 1360 ; la Bulgarie, la Servie et une fraction restante de la Romélie, le furent en 1390 ; la portion restante de la Romélie, la Morée et une partie de l'Albanie, le furent en 1453 ; la Bosnie, le reste de l'Albanie, et plusieurs des îles qui appartiennent aujourd'hui à la Turquie, le furent en 1482 ; le reste des îles, la Moldavie, la Livadie et la Valachie, le furent vers le milieu du 17.e siècle.

Les princes Ottomans ne sont comptés au rang de souverains que depuis celui qui leur donna ce nom, et dont le règne date de l'an 1299 de l'ère vulgaire. Ce prince et ses prédécesseurs n'étaient que des chefs de milice à la solde des Turcomans ou Seldjioucides. Ce prince, nommé Othman, défiguré depuis en celui d'Ottoman, sut profiter de la perte des Seldjioucides, et de l'état d'affaiblissement où se trouvait l'empire grec ; car leurs souverains, suivant l'exemple de la France, et aussi fainéans que les rois de cette époque, élurent des maires du palais, qui les détrônèrent et fondèrent plusieurs monarchies. Othman, comme nous l'avons déjà dit, n'était que simple émir d'un prince turc, qui régnait dans une partie de l'Asie mineure ; à la mort de son souverain, il recueillit une partie de son héritage, l'augmenta par sa valeur et le consolida par ses talens. Il réunit ses compagnons épars, et en forma, pour ainsi dire, une nation nouvelle ; aussi les Turcs sont-ils souvent désignés par le nom de ce chef, qu'ils considèrent comme leur fondateur. Othman s'établit à Pruse ou Burse, jusqu'à ce que ses successeurs, aussi braves et aussi heureux que lui, eussent, par leurs victoires, transféré leur empire d'abord à Andrinople, puis à Constantinople. Telles sont l'origine et la fondation de l'empire turc. Pour peu qu'on s'arrête sur la nature de son histoire, qu'aperçoit-on ? Des souverains, le type du despotisme, le beau idéal du pouvoir absolu, pour la plupart victimes ensanglantées de leurs esclaves, et un peuple ignorant, farouche, obstinément rebelle à toute espèce d'amélioration. Si l'on parcourt leur généalogie, combien de sultans étranglés, déposés, massacrés ! et si l'on feuillette l'histoire de la nation, c'est toujours la même, essentiellement stationnaire dans ses lois, ses mœurs, son intelligence : c'est encore la même barbarie qu'au début ; cependant le moment semble arrivé où cette barbarie doit disparaître devant les efforts armés de notre civilisation, ou se plier d'elle-même à tous ses bienfaits. Le premier moyen serait sans doute plus expéditif, plus brillant ; il amenerait le lustre de la victoire et le bénéfice de la conquête ; mais il coûterait du sang, et pourrait réagir calamiteusement sur les vainqueurs ; le second serait plus lent, moins complet peut-être, et toutefois nous n'hésiterions pas à le préférer s'il pouvait atteindre également le but.

On ne peut abandonner cette histoire, sans parler de Mahomet II, le plus illustre des empereurs Ottomans ; il prend Constantinople d'assaut en 1453 : on dit de lui qu'il avait détruit deux empires, celui de Constantinople et celui de Trébizonde ; douze royaumes, et prit deux cents villes. Né avec de grands talens pour la guerre, il les déshonora par la plus honteuse perfidie et la plus horrible cruauté. Vingt-quatre souverains ont succédé à Mahomet II, premier empereur à Constantinople ; le vingt-quatrième régnant aujourd'hui est Mahmoud II.

RUSSIE.

MAINTENANT que toutes les contrées de l'Europe ont passé sous nos yeux, il faut nous élancer dans ces immences plaines où, sur une ligne de cinq cents lieues, aucune montagne ne coupe l'horizon uniforme, ni n'oppose une barrière aux vents. Il est impossible de généraliser les faits physiques et politiques pour une aussi grande étendue de pays : cette difficulté nous force à les résumer avec rapidité ; nous nous réservons d'y revenir (1).

La Russie occupe aujourd'hui un tel rang parmi les puissances de l'Europe, elle y exerce une si grande influence, qu'elle fixe tous les regards et captive les intérêts. Il n'y a guère plus de cent ans que Pierre-le-Grand, resserrant d'une main créatrice des liens épars, vint, à la tête d'un peuple nouveau, prendre rang parmi les puissances européennes ; depuis lui, et dans un aussi court intervalle, quel immense accroissement, quels gigantesques résultats ! Depuis leur premier établissement, les Russes se sont constamment accrus. Le reste de la terre doit frémir à l'idée de la formidable pression dont elle est menacée par le pôle ; encore quelques règnes semblables à ceux de Pierre et de Catherine, et l'empire russe n'aura point de bornes.

La Russie européenne n'est, pour ainsi dire, qu'une vaste surface généralement unie, ou n'offrant que peu de ces irrégularités si fréquentes dans le reste de l'Europe (2) ; son immense

---

(1) Les mœurs, le climat, les productions, le terrain même variant si souvent en Russie, et nos élèves ne connaissant point encore ces diverses localités, nous remettons le complément de notre aperçu général, à la topographie de ce royaume. De plus amples développemens seront donnés aussi à toutes les autres parties de l'Europe.

(2) Dans ce royaume on donne le nom de Steppes à des pays plats et à des plaines immenses qui se trouvent dans différentes parties de cet empire.

étendue y occasionne une grande variété dans le climat. Dans la
partie nord , l'hiver est extrêmement rigoureux ; l'haleine s'y
gèle sur la barbe , et les larmes que le froid fait verser se
condensent en glaçons sur les joues. Un avantage que le Russe
tire de son climat , c'est de conserver fraîches ses provisions. Chez le
Russe, en général , la superstition la plus grossière est unie
fréquemment aux idées religieuses : les images des saints qu'il
révère sont ses joyaux les plus précieux ; si le feu prend à sa
hutte , il sauve d'abord ses idoles , ensuite ses enfans.

L'empire romain dans toute sa splendeur ne fut jamais aussi
étendu que la Russie ; mais sa domination comprenait les provinces
du monde les plus fertiles , les mieux peuplées , et la moitié
des possessions russes offre l'aspect d'une solitude profonde.
Auguste avait recommandé à ses successeurs de ne pas porter
plus loin les limites de l'empire ; Adrien les fixa aux rives de l'Eu-
phrate : mais l'ambition russe , comprimée à l'occident par la
résistance des peuples civilisés , ne s'est pas arrêtée là même
où la nature semble repousser l'homme , et lui refuser l'existence.

Possesseurs héréditaires du pouvoir , si vous voulez régner
sans crainte et avec facilité , donnez et observez des constitutions ;
votre intérêt vous le commande ; la civilisation seule peut arrêter
la marche de la barbarie russe. Souvenez-vous surtout que si
vous ne mettez une barrière à l'invasion de ces sauvages , leur
domination est sans obstacles , leur avenir sans limites , et leur
tyrannie peut-être éternelle.

La Russie d'Europe se divise en cinquante quatre gouverne-
nemens. Le noyau de cet empire , ou les gouvernemens qui le
composaient vers le 15.e siècle , sont au nombre de onze ; depuis
cette époque , les deux Ivan en réunirent douze ; Alexis Romanof,
neuf ; Pierre-le-Grand , quatre ; Catherine-la-Grande , onze , et
Alexandre , six , ce qui donne un résultat de cinquante-quatre
gouvernemens.

Gouvernemens compris dans la Russie d'Europe.

Les onze gouvernemens formant le noyau de l'empire russe ,
sont : Moscou , Kaluga , Tula , Riasan , Tambov, Penza , Nijnei-
Novogorod , Vladimir , Jaroslav , Kostroma , Vologda , avec des
capitales de même nom.

Les douze gouvernemens réunis par les deux Ivans, sont : Tver, Pskov, Novogorod, Arkangel, Casan, Viatka, Perm, Orenbourg, Simbirsk, Saratov, avec des capitales de même nom, et Olonetz, capitale Pétrozavodsk; Caucase, capitale Georgievsk.

Les neuf gouvernemens réunis par Alexis Romanof, sont : Smolensk, Orel, Tchernigov, Pultava, Kiev, Koursk, Voronej, Ekatérinoslav, avec des capitales de même nom, et l'Ukraine, capitale Kherkov.

Les quatre gouvernemens réunis par Pierre-le-Grand, sont : Saint-Pétershourg, Vibourg, avec des capitales de même nom, et l'Estonie, capitale Revel; la Livonie, capitale Riga.

Les onze gouvernemens réunis par Catherine II, sont : Vitepsk, Mohilev, Minsk, Vilna, Grodno, Kherson, avec des capitales de même nom, et Podolie, capitale Kaminiec; Courlande, capitale Mittau; Volhynie, capitale Jitomir; Tauride, capitale Simferopol; le pays des Cosaques du Don, capitale Tcherkask.

Les six gouvernemens réunis par Alexandre, sont : la Finlande, capitale Abo; la Bessarabie, capitale Bender; la Géorgie, capitale Tiflis; la Circassie, capitale Anapa; Daghestan, capitale Derbent; Schirvan, capitale Bakou. Alexandre réunit à la Russie, en 1815, le royaume de Pologne, dont la capitale est Varsovie; il se divise en huit wayvodats, dont nous donnerons les noms en décrivant ce royaume.

L'histoire de Russie a été long-temps étrangère au reste de l'Europe : on s'est fait une habitude commode de ne la commencer qu'à Pierre-le-Grand, qui a jeté les vrais fondemens de sa force et de son influence. Aujourd'hui que cet empire tient un si haut rang parmi nous, ses premiers temps ont fini par réclamer notre curiosité, et nos rapports, en se multipliant, ont facilité nos recherches. Des historiens laborieux et patiens ont porté la lumière dans des siècles d'oubli, de désordre et de confusion : nous possédons aujourd'hui dans notre langue, grâces à deux écrivains estimables, (Lévêque et Leclerc), des notions suivies, raisonnées et authentiques sur l'histoire de Russie, à commencer d'aussi haut que le 9.e siècle : c'est là que les lecteurs de ces ouvrages pourront prendre une idée des différentes conjectures sur l'origine des Russes, leur existence première, la formation de leur monarchie et la suite historique de leurs princes.

Rurick est le point où l'on s'accorde d'attacher le fil pour traverser ce dédale historique : c'est notre Pharamond, l'Hengist et le Horsa des Anglais. Rurick, vers le milieu du 9.e siècle (860), quitte, avec une bande des siens, les rives de la Baltique, à la demande des peuples de Novogorod, qui le sollicitent de venir les défendre contre leurs voisins ; Rurick, vainqueur, soumit, suivant la coutume de tous les pays et de tous les temps, les peuples qu'il était venu protéger. Il fonda un Etat nouveau, et donna naissance à une dynastie qui fournit plus de cinquante souverains dans l'espace de près de 750 ans : mais le vice de l'hérédité, qui admit le partage parmi les frères ; l'inconvénient des apanages, qui dégénérèrent en souverainetés indépendantes ; les irruptions victorieuses des Tartares, qui complétèrent l'anarchie, furent autant de causes qui concoururent à morceler l'empire de Rurick vers le milieu du 15.e siècle. Les souverains de Moscou, considérés comme les successeurs chronologiques de Rurick, ne possédaient que onze gouvernemens, qui sont déjà désignés.

Nous allons résumer les règnes des souverains qui, par leurs réunions, ont porté ce vaste empire à l'immense etendue qui le compose aujourd'hui.

Ivan Ier, un des plus grands princes russes, monta sur le trône vers le milieu du 15.e siècle, secoua le joug des Tartares, réunit les principautés de Twer et Pskof, soumit Novogorod qui s'était formée en république avec de grandes dépendances, rendit tributaires les Samoièdes qui peuplent la plus grande partie du gouvernement d'Arkangel, et laissa l'empire indivisible.

Ivan II, petit-fils du précédent, est appelé terrible par ses sujets autant que par ses ennemis : l'histoire le dit grand aussi par ses conquêtes et ses efforts de législation ; mais elle le déclare bourreau par ses actes, car il en remplissait souvent l'office de ses propres mains ; il forçait ses courtisans à le seconder. Pierre-le-Grand le prit-il pour modèle ? ou la nature se plut-elle à rappeler Ivan dans un de ses successeurs ? Toujours est-il que ces deux princes ont une grande affinité et une grande ressemblance. Ivan prit le titre de Czar, institua les Strelitz, s'affranchit tout-à-fait de la sujetion des Tartares, fit des conquêtes sur ses anciens maîtres, et soumit les royaumes de Casan et d'Astrakan, avec leurs grandes dépendances; enfin, il commença l'acquisition de la vaste Sibérie, qui lui fut cédée pas un Cosaque aventurier, Irmak, qui en avait fait la conquête, comme Cortez et Pizarre firent celles du Mexique et du Pérou ; mais ce sont ses successeurs , et surtout Pierre-le-Grand et Catherine II qui en ont complété l'acquisition.

La descendance de Rurick s'éteignit dans le fils d'Ivan II : à sa mort , les faux Démétrius remplirent la Russie d'une confusion extrême , qui ne cessa que par le choix d'une dynastie nouvelle dans la personne de Michel Romanof. Le chef de cette maison était un seigneur puissant, dont la femme descendait de Rurick. Ayant donné de l'ombrage à Boris Godonow , qui usurpa momentanément le trône à l'extinction masculine de la race de Rurick , cet usurpateur força Romanof de se faire prêtre , et sa femme à prendre le voile. Romanof , sous le nom de Philaret , porta dans le cloître des talens qui devaient bientôt l'en faire sortir : un des Démétrius le fit archevêque de Rostof, et l'envoya ambassadeur en Pologne en 1610 , où , contre le droit des gens , il fut retenu prisonnier. Cependant les Russes , toujours en proie aux maux de l'anarchie , n'imaginèrent pas de plus sûr moyen d'y mettre un terme, que de se donner enfin un maître de leur choix ; ils jetèrent les yeux sur le fils de Philaret , c'était encore un enfant ; mais ils comptaient sur la sagesse du père , qui sortit bientôt après des prisons de Pologne en 1618 ; il gouverna en effet sous le nom de son fils, qui le nomma patriarche , et le plaça à la tête du ministère , postes également dignes de ses vertus et de ses talens : c'est ainsi qu'il ouvrit la voie aux belles destinées de Pierre-le-Grand son arrière-petit-fils.

La maison de Romanof a régné cent cinquante ans sur la Russie , et lui a donné huit souverains, parmi lesquels on en trouve de fort remarquables : Michel , qui commence la race , monte sur le trône à l'âge de quinze ans , en 1613.

Alexis Romanof, second de cette race , et le grand-père de Pierre-le-Grand , accrut de beaucoup les domaines russes. Son règne présente l'instant remarquable à partir duquel la Russie n'a jamais diminué, mais , au contraire, s'est augmentée sans cesse.

Pierre-le-Grand , le héros , le fondateur de l'empire russe , s'est immortalisé en créant un empire ; il accrut son territoire des provinces maritimes de la Baltique, qui avaient été plusieurs siècles l'objet des guerres du nord. Cette importante acquisition devenait son point de contact essentiel avec l'Europe ; pour en consacrer les avantages , il y transporta le siége de son empire ,

en faisant sortir, comme par prodige, la ville de Pétersbourg
du sein des marais.

.Ce prince, législateur et conquérant, est le caractère le plu
extraordinaire de l'histoire ; bâtonnant ses généraux, ses magistrats, ses courtisans ; prétendant réformer sa nation, et avouan
ne pouvoir se réformer lui-même ; ambitionnant Richelieu pour
apprendre à bien gouverner ses États, et les quittant pour aller
au loin se faire charpentier, tambour, sans cesser d'être général
accompagnant en subalterne les ambassades qui le représentaient
et se rendant solennellement compte à lui-même de ses victoires
dans la personne d'un mannequin consacré pour le représenter
parfois, d'une magnificence extrême; parfois, buvant, fumant avec
des matelots sur le port, vêtu à leur manière, etc.

Il rappelle fort Ivan II, surtout dans sa férocité ; tous deux cou
pant des têtes eux-mêmes, et forçant leurs courtisans de les imiter
tous deux donnant la mort à leur fils aîné. Ivan se jouant de la vi
de ceux qui l'entouraient, et Pierre, désireux de voir en Hollande
le supplice de la roue ; offrant froidement, au défaut de criminel
un des gens de sa suite, et ne pouvant comprendre l'horreu
avec laquelle on le refusait.

Catherine II, en étendant ses bornes en tout sens, en faisan
respecter son nom au-dehors, et fleurir son administration au
dedans, a mis la dernière main à l'œuvre de Pierre-le-Grand
qui avait à cette époque immortelle de splendeur et de gloir
pour la Russie, introduit sa nation dans la société politique d
l'Europe. Catherine II l'y assit aux premiers rangs. Elle a tou
fait pour la gloire et l'agrandissement de son pays. On estim
qu'elle réunit plus de dix millions de sujets.

Les acquisitions du règne d'Alexandre, règne de la plus haut
importance, tiennent en péril permanent tous les voisins, e
menacent l'indépendance universelle. Sur la Baltique, les Russe
sont désormais aux portes de Stockholm ; en Pologne, ils se trouven
au sein de l'Allemagne, dans le voisinage de Vienne et de Berlin
et débordés au-delà du Caucase, ils heurtent la Perse de front
et prennent les Turcs à revers. Le roi régnant aujourd'hui es
Nicolas I.er

POLOGNE.

APERÇU GÉNÉRAL. — DIVISION. — RÉUNIONS. — SUBDIVISION. — HISTORIQUE.

La Russie a beau vouloir effacer la Pologne des cartes éphémères de la statistique, son nom vivra toujours dans la véritable géographie , fondée sur les divisions naturelles et nationales. Victime des abus de la force , la Pologne a disparu du globe ; ses habitans n'ont plus de patrie ; mais ceux qui l'ont rayée de la liste des nations n'ont pu l'effacer du souvenir des hommes. La nationalité de la Pologne n'est plus ; mais sa gloire brille encore de tout son éclat. Tant qu'il y aura des cœurs sensibles à l'héroïsme , on l'admirera , on la plaindra , on détestera ses barbares oppresseurs.

Les Polonais semblent avoir conservé quelques traditions des républiques de l'antiquité grecque et romaine ; leur physionomie rappelle celle de ces peuples ; leur existence entière fut un long combat pour la liberté. Mœurs antiques , habitudes sobres, modération dans la prospérité, résignation dans l'infortune, alliance de la valeur guerrière et des goûts pacifiques , telles étaient les vertus qu'ils déployaient au milieu de l'Europe civilisée et corrompue ; telles sont les vertus que possèdent encore les descendans de ces braves Polonais.

Le royaume de Pologne se divise en huit waivodies , subdivisées en plusieurs obvodies ou districts. En 1815 , par l'acte du congrès de Vienne , ces huit fractions de l'ancien royaume de Pologne furent cédées à la Russie ; dès-lors l'empereur de cet Etat ajouta à ses titres celui de roi de Pologne.

* *Waivodies comprises dans le royaume de Pologne.*

Ce sont Augustow, Cracovie, Kalisck , Lublin , Masovie , Plock , Podlachie et Sandomir.

La Pologne commença vers l'an 550 à former un Etat policé ; mais elle n'était pas fort étendue, et ses premiers souverains n'avaient que le titre de ducs. On peut ranger en quatre classes les princes qui l'ont gouvernée jusqu'à présent : celle des premiers ducs, celle des Piasts, celle des Jagellons, et celle des rois pris de diverses nations.

L'histoire des premiers ducs n'est pas connue. Cependant quelques auteurs prétendent que ce fut un nommé Lesk qui, le premier, gouverna ce royaume. Un fait plus constant, est que Piast, cultivateur intelligent, fut élu par ses compatriotes en 842. Sa postérité s'est maintenue en possession du pouvoir suprême jusqu'à son extinction, arrivée en 1370. Le chroniqueur Kadlubek donne à croire que l'élévation de Piast est due au généreux désintéressement qu'il montra lors d'une disette ; il offrit ses récoltes pour nourrir une partie du peuple. Comme ces vieux Romains que l'on enlevait à leur charrue pour les couvrir de la pourpre consulaire, Piast refusa d'abord les honneurs dont il n'était point ébloui, et n'accepta que sur l'ordre formel de ses concitoyens. Ce souverain fut sage et vertueux ; pénétré du sentiment de son premier état, il se montra d'autant plus digne du trône, qu'il n'était pas né pour l'occuper. Il adoucit les mœurs des Polonais, et mourut pleuré de toute la nation. Les règnes suivans présentent peu d'intérêt. Casimir-le-Grand fut le dernier prince de cette race, laquelle avait duré 528 ans ; alors le trône devint électif, et fut presque toujours occupé par des étrangers. Après Casimir, on voit dans la liste des rois de Pologne, un roi de Hongrie, nommé Louis, qui gouvernait en 1380. Sa mort fut suivie d'un interrègne. Vers 1386, Uladislas V ou Jagellon, grand-duc de Lithuanie, fut élu. La famille des Jagellons continua de régner jusqu'à Sigismond II, surnommé Auguste, qui mourut en 1572, et fut le dernier de cette dynastie. A cette époque, les rois de Pologne ont été choisis dans différentes nations. Parmi les rois de cette dernière période, l'un des plus illustres fut le fameux Sobieski, qui força les Turcs à lever le siége de Vienne. Stanislas Leczinski, père de la reine de France, épouse de Louis XV, fut élu deux fois, et ne régna point. Le dernier souverain de la Pologne fut Stanislas-Auguste Poniatowski. Son règne n'a été qu'une suite continuelle d'agitations. L'impératrice de Russie, le roi de Prusse et l'empereur d'Allemagne, partagèrent une portion de son royaume en 1772, et le reste en 1793 et 1795. Ce prince fut conduit à Saint-Pétersbourg , où il termina sa vie dans l'état de simple particulier. A la suite de la campagne des Français contre la Prusse et la Russie en 1807 , la partie prussienne de la Pologne fut érigée , par Napoléon , en grand duché de Varsovie , et donnée en souveraineté au roi de Saxe son allié. Deux ans après , ce duché fut accru de la Gallicie occidentale et du cercle de Cracovie. Par le traité du congrès de Vienne , du 9 Juin 1815 , le royaume de Pologne , comprenant la majeure partie du ci-devant duché de Varsovie , fut rétabli et mis sous la protection de l'empereur de Russie , qui prit le titre de roi de ce pays. Le duché de Posen , premier partage de la Prusse , fut rendu à cette puissance ; la Gallicie retourna à l'Autriche , et la ville de Cracovie devint indépendante. Les Polonais , vaincus par les forces de l'empire russe , ont vu s'éteindre l'espoir des promesses d'Alexandre ; l'empereur Nicolas son successeur , renouvelant une partie des atrocités du tyran Yvan , a détruit ce beau royaume , et a fait subir mille tortures à ses braves et vertueux habitans.

OROGRAPHIE ET HYDROGRAPHIE *

DE L'EUROPE,

OU

DESCRIPTION PHYSIQUE DE CETTE PARTIE DU MONDE.

Dans notre aperçu général sur l'Europe, nous avons déjà décrit, et les montagnes qu'elle renferme, et les mers qui en baignent les côtes : comme le complément de cet aperçu nécessiterait des notions en géologie pour l'étude de la structure des montagnes, nous nous voyons forcés de donner le complément de cet article à la topographie respective des divers royaumes de l'Europe ; nous nous bornerons à donner les noms des principales branches appartenant aux grandes chaînes déjà décrites. Nous ne reviendrons pas sur l'article des mers que nous trouvons suffisant pour cette première partie. Après l'article sur les montagnes, nous passerons aux divers fleuves qui l'arrosent, puis nous donnerons la nomenclature des caps, lacs, golfes, îles et canaux, etc. ; nous commencerons toujours nos descriptions par le royaume de France.

Montagnes. — Les principales chaînes de montagnes de la France, sont : les Pyrénées, entre la France et l'Espagne, dont les pics les plus remarquables sont : le mont Perdu, le mont Maudit, le Pic du Midi et le Canigou ; les Alpes, entre la France et l'Italie, dont les sommets les plus élevés, en France, sont : le mont Pelvoux, le mont Genèvre, le mont Viso et le mont Ventoux ; les Cevennes dans le Languedoc, où l'on remarque le mont Mézin et le mont Lozère ; les monts d'Auvergne, qui sont une branche des Cevennes, dont les points les plus élevés

____

(*) Par orographie, on entend la description des monts et éminences de la terre, et le mot hydrographie signifie la description générale de l'eau

sont : le Mont-d'Or, le Cantal, le Puy-de-Dôme. Ces montagnes, qui présentent de nombreux vestiges d'anciens volcans, se joignent au nord, aux monts du Limousin. La Côte-d'Or est une suite de collines qui forment au nord la continuation des Cevennes. Elle envoie vers l'ouest un rameau remarquable, sous le nom de monts de Morvan, dont la continuation prend le nom des montagnes d'Arrée, qui se dirigent de l'est à l'ouest, jusque près du cap Finistère. La Côte-d'Or se joint, vers le nord, aux Vosges, qui jettent des rameaux en Franche-Comté et en Champagne. Le sommet principal de cette chaîne est le Ballon d'Alsace. Une branche des Vosges lie cette chaîne à celle des Ardennes, montagnes peu élevées, qui sont couvertes de forêts. Par une autre branche, les Vosges se rattachent, vers le sud-est, au Mont-Jura, qui sépare, en grande partie, la France de la Suisse. La Dôle est un des sommets les plus remarquables de cette dernière chaîne. Parmi les monts de la Corse, on distingue le Monte-Rotondo.

Les montagnes des autres parties de l'Europe sont :

Dans les îles Britanniques, les monts Grampians en Ecosse ; les monts Cheviots, qui séparent en partie l'Ecosse de l'Angleterre ; les Moorlands dans le nord de l'Angleterre, et les montagnes du pays de Galles. La plus haute montagne de la Grande-Bretagne, est le mont Snowdon.

En Espagne et en Portugal, les monts Cantabres, la Sierra-d'Estrella, la Sierra-d'Ossa, la Sierra-Moréna, la Sierra-Névada et la Sierra de Monchique.

Dans les Pays-Bas on ne voit qu'une seule chaîne remarquable, c'est celle des Ardennes.

En Suisse, les montagnes les plus remarquables sont : le Grand-Saint-Bernard, le Mont-Saint-Gothard, le Simplon et les monts du Jura.

En Italie, le Mont-Rose, le Mont-Blanc, le Mont-Cenis, le Mont-Viso, le Mont-Gargano, où l'on voit les Fourches-Caudines, célèbres dans l'histoire romaine.

Dans la Prusse, les monts Sudètes, les montagnes des Géans et celles du Hartz.

En Autriche, les Alpes, les montagnes des Géans et les Carpathes.

Dans le Danemarck proprement dit, on trouve peu de montagnes ; l'Islande, au contraire, en est couverte ; le Mont-

Hécla, volcan célèbre, est situé près de la côte méridionale de cette île.

La partie septentrionale de la chaîne des Alpes Scandinaves ou Dophrines, sépare la Suède de la Norwège ; la partie méridionale couvre exclusivement cette dernière ; la branche qui s'étend au sud de la Suède, forme les monts de Sévé et leurs rameaux.

En Allemagne, les montagnes de la Forêt-Noire, les monts de Maravie, une partie des Sudètes et des monts des Géans, l'Erzgebirge, la montagne de l'Aigle, et plusieurs monts des Alpes qui prennent différens noms.

En Turquie, les monts Despoto-Dag (ou Rhodope des anciens), le Schar-Dag, les Alpes Dinariques, la chaîne du Pinde, l'Olympe ou Lacha, le Parnasse, les monts de la Chimère, en Albanie ; les monts Maina dans la Morée, et le Mont-Ida ou Psiloriti dans l'île de Candie.

La chaîne des Alpes Scandinaves, en s'étendant, va former, en Russie, les monts Olonetz, et suivant le faîte des Shemoskonski, s'unit aux monts Ourals. Des monts Olonetz se détache la chaîne des monts Valdaï ; de cette dernière s'échappent deux autres branches, l'une qui s'étend depuis la presqu'île de Crimée, et l'autre qui va rejoindre le Caucase. La chaîne immense des monts Ourals ou Poyas, s'étend du nord au sud, sur la limite de l'Europe et de l'Asie ; on pense que ce sont les monts Riphées ou Hyperboréens des anciens. Le Caucase, plus élevé, forme une chaîne moins étendue.

En Pologne, les monts ne sont pas nombreux ; l'ancien duché de Varsovie et le duché de Posen ne sont, à proprement parler, que des plaines ou plateaux ; la Gallicie seulement nous montre quelques points culminans ; ce sont : les monts Czerna-Gora, Babia et Biecziad. Quelques escarpemens de la Babia et des autres montagnes, au sud de Cracovie, se présentent sous la forme de remparts taillés à pics, dont les énormes quartiers de roche semblent prêts à s'écrouler.

Volcans. Les principaux volcans de l'Europe sont : le Mont-Hécla en Islande, le Mont-Vésuve près de Naples, et le Mont-Etna en Sicile.

Caps. Les contours du littoral de la France forment quelques caps importans, qui sont, en commençant par le nord, le cap Grisnez dans le département du Pas-de-Calais, la pointe de Barfleur dans le département de la Manche; celui de la Hague ou de la Hogue, qui s'avance dans la Manche à l'extrémité du département de ce nom; et celui du Raz avec la pointe de Penmark, dans le département du Finistère; le cap Corse au nord de l'île de même nom.

Les caps des autres royaumes de l'Europe sont:

Dans les îles Britanniques, le cap Dunnet au nord de l'Ecosse, les caps Lands-End et Lizard au sud-ouest de l'Angleterre, le cap Mizen au sud-ouest de l'Irlande, et le cap Gléar dans l'île de même nom au sud de l'Irlande.

En Espagne et en Portugal, les caps Ortégal et Finisterre dans la Galice, le cap Saint-Vincent au sud-ouest du Portugal, le cap Trafalgar en Andalousie, le cap de Gata dans le royaume de Grenade, le cap de Palos dans le royaume de Murcie, le cap Saint-Martin dans le royaume de Valence, le cap de Creus dans la Catalogne.

En Italie, les caps de Leuca et de Spartivento au sud de ce royaume, le cap Travalero au sud de la Sardaigne, le cap Passaro au sud de la Sicile.

En Danemarck, le Skagen au nord du Jutland, et en Islande, le cap Langaness au nord-est, le cap Nord au nord-ouest, et le cap Riekianess à l'extrémité du sud-ouest.

En Suède et Norwège, le cap Lindesness au sud de la Norwège, et le cap Nord au nord de l'île Margeræ, sont, avec le nord Kyn, les plus remarquables.

En Turquie, le cap Paillouri dans le golfe de Salonique, le cap Colonne dans le golfe d'Epine, le cap Malio, le cap Matapan en Morée, et le cap Salomone dans l'île de Candie.

Iles. Nous n'entreprendrons point de citer toutes les îles qui bordent les côtes de l'Europe; les principales sont:

En France, les îles d'Ouessant, de Sein, de Groix, d'Houat, d'Hoédic, de Belle-Ile, de Noirmoutier, l'Ile-Dieu, l'île de Ré, l'île d'Oléron et l'îlot de Cordouan dans l'Océan, les îles d'Embiez, d'Hières de Lérins et de Corse dans la Méditerranée.

Dans les îles Britanniques, outre la Grande-Bretagne et l'Irlande, les îles de Schetland, les Orcades, les Hébrides, les îles d'Aurigny, de Jersey et de Guernesey.

En Espagne et en Portugal, les îles Baléares, dont les principales sont : Majorque, Minorque, Ivica et Formentera, toutes en Espagne. Les Berlingues sont les seules îles qu'ait le Portugal en Europe.

La Prusse possède quelques îles dans la mer Baltique, dont la principale est l'île de Rugen.

En Autriche, l'archipel Illyrien sont les seules îles de ce royaume, dont les principales sont : Cherso et Veglia, Arbo, Pago, Grossa, Brazza, Lézina, Corzola et Méléda.

Le Danemarck, outre l'Islande et les îles Feroc déjà nommées, possède plusieurs îles, savoir : l'archipel Danois, dont les principales îles sont : Sééland, Fionie, Laaland, Falster et Alsen ; l'île de Bornholm dans la mer Baltique, et l'île de Sylt dans la mer du Nord.

La Suède et la Norwège sont bordées de plusieurs îles, parmi lesquelles nous devons désigner les îles de Gothland, Oland et Aland le long des côtes de la Suède, et l'île de Margeroë ; celles de Tronsem et de Loffoden le long des côtes de Norwège.

La Russie d'Europe compte parmi ses îles remarquables, la nouvelle Zemble, grande île inhabitée dans l'Océan glacial ; les îles Vaïgats et Kalgouef dans la mer Glaciale, les îles d'Aland, l'archipel d'Abo et les îles Dagod et d'OEsel dans la mer Baltique.

Dans la Turquie d'Europe, les principales îles sont : Thaso, Samotraki, Imbro, Stalimène, Négrepont, (*Eubée*), Skiro, (*Scyros*), les Cyclades, dont les principales sont : Andro, Syra, Sdili, (*Délos*), Myconi, Paros, Antiparos, Naxie, Tine, Stampalie, Santorin, Milo, Siphanto, Serpho, Thermia, Zéa, (*Céos*), Hydra, Candie, Colouri et Egine.

Fleuves. — Les fleuves qui arrosent la France, sont :

La Seine, qui prend sa source entre Chanceaux et Saint-Seine, (département de la Côte-d'Or) ; sur sa rive droite, elle reçoit l'Aube, qui prend sa source au-dessus de Praslay, près de Langres, (département de la Haute-Marne), arrose le département de l'Aube, et se jette dans la Seine à Conflans, près Marcilly. La Marne, qui prend sa source dans le département de la Haute-Marne, arrose les départemens de la Marne, de l'Aisne, de Seine et Marne, de Seine et Oise, où elle se jette dans la Seine à Charenton, près de Paris ; l'Oise, qui prend sa source sur les confins du département des Ardennes, près de Rocroi, arrose les départemens de l'Aisne, de l'Oise et de Seine et Oise, où elle se jette dans la Seine à Conflans-Sainte-Honorine. L'Oise est grossie de l'Aisne, qui prend sa source dans le département de la Meuse, arrose les départemens des Ardennes, de l'Aisne et de l'Oise, où elle se jette dans l'Oise au-dessus de Compiègne. Sur sa rive gauche, la Seine est alimentée par l'Yonne, qui prend sa source dans les montagnes du Morvan, département de la Nièvre, arrose les départemens de l'Yonne et de Seine et Marne, où elle se jette dans la Seine, près Montereaux, et par l'Eure, qui prend sa source dans la forêt de Luigny entre Neuilly et Landes, arrondissement de Mortagne, département de l'Orne, elle se jette dans la Seine, près du pont de l'Arche, département de l'Eure.

La Seine traverse une partie de la Bourgogne, de la Champagne, de l'Ile-de-France et de la Normandie ; elle devient navigable à Marcilly, après avoir reçu l'Aube, et se jette dans la Manche ; la largeur de son embouchure lui donne un aspect majestueux pendant la haute marée ; mais à la marée basse, elle n'offre que quelques canaux tracés au milieu d'un sable fangeux ; c'est alors qu'on a de la peine à se représenter le changement qui s'opère dans son lit pendant les équinoxes, et qui acquiert tant d'intensité aux époques de la nouvelle et pleine lune. Les flots de la marée qui monte, ne trouvant, pour entrer dans son embouchure, que ces canaux étroits, s'élèvent, s'amoncèlent subitement à une hauteur quelquefois considérable, et se précipitent avec fureur dans le lit du fleuve, dont ils refoulent les eaux. L'effroi se répand sur les deux rives, et le cri, la barre ! la barre ! devient un cri d'alarme pour l'habitant riverain qui voit quelquefois le flot menacer son habitation. Le même phénomème se fait sentir à l'embouchure de la Loire, et reçoit à celle de la Garonne le nom de Mascaret.

La Loire, qui prend sa source au mont Gerbier-des-Joncs dans les Cevennes, (département de l'Ardèche) ; sur sa rive droite, elle reçoit la Nièvre, prend sa source dans le département de la Nièvre, et sans sortir de ce département, elle se jette dans la Loire à Nevers. La Mayenne, qui prend sa source dans le département de l'Orne ; elle se grossit du Loir, qui prend sa source à deux lieues au-dessus d'Illiers, arrose les départemens d'Eure et Loir, Loir et Cher, de la Sarthe, et de Maine et Loire, où il se joint à la Sarthe au-dessus d'Angers. La Mayenne se grossit encore de la Sarthe, qui prend sa source dans le département de l'Orne, près de Moulins, arrose le département de la Sarthe, et se réunit au Loir dans le département de Maine et Loire : ces deux rivières réunies vont se jeter dans la Mayenne au-dessus d'Angers ; elles prennent alors le titre de Maine et Loire, et vont se jeter dans la Loire au-dessous d'Angers ; sur la rive gauche, elle reçoit l'Allier, qui prend sa source dans la forêt de Mercoire, près du hameau de Chabalier, département de la Lozère ; il arrose ce département et ceux de la Haute-Loire et du Cher, et se jette dans la Loire au-dessus de Nevers. Le Loiret prend sa source au Château de la Source, près du pont d'Olivet, et sans sortir de ce département, se jette dans la Loire au-dessous de Saint-Mesmin. Le Cher, qui prend sa source dans le département de la Creuse, près de Mérinchal, à deux lieues d'Auzance, arrose ceux de l'Allier, du Cher, et de Loir et Cher ; cette rivière se jette dans la Loire en face de Saint-Mars, au bec du Cher, un peu au-dessous de Tours dans le département d'Indre et Loire. L'Indre, qui prend sa source à Saint-Pierre-la-Marche, sur les confins du département de la Creuse, traverse celui de l'Indre, et se jette dans la Loire au-dessous de Riverennes, département d'Indre et Loire, entre les embouchures du Cher et de la Vienne. La Vienne, qui prend sa source sur les confins du département de la Corrèze, arrose celui de la Haute-Vienne, entre dans celui de la Charente, traverse le département de la Vienne, puis parcourant le département d'Indre et Loire, tombe dans la Loire à Condé. La Vienne est grossie de la Creuse, qui prend sa source au Mas-d'Artigues, arrose les départemens de la Vienne, et d'Indre et Loire, et se jette dans la Vienne au-dessus du port des Piles, au lieu dit le Bec des deux eaux, près des confins des départemens d'Indre et Loire, et de la Vienne. La Sèvre-Nantaise, qui prend sa source à Bouin, département des Deux-Sèvres, ainsi nommé de deux rivières qui l'arrosent ; la Sèvre-Nantaise se jette dans la Loire en face de Nantes.

La Loire traverse le nord du Languedoc, le Lyonnais, sépare le Bourbonnais de la Bourgogne, le Berri du Nivernais, traverse l'Orléanais, la Touraine, l'Anjou, le midi de la Bretagne, et devient navigable un peu au-dessus de Roanne, département de la Loire, et se jette dans l'Océan.

La Garonne prend sa source au fond de la vallée d'Aran dans les Pyrénées; le Gers, qui descend des mêmes montagnes, et qui se jette dans ce fleuve au-dessus d'Agen, est le seul afflent qui, sur sa rive gauche, mérite d'être mentionné; sur sa droite, elle reçoit l'Ariège, qui prend sa source aux Pyrénées, parcourt le département de l'Ariège, celui de la Haute-Garonne, et se jette dans la Garonne au-dessus de Muret. Le Tarn, qui prend sa source aux montagnes du Gévaudan dans la Lozère, parcourt les départemens de la Lozère, de l'Aveyron, du Tarn, et de Tarn et Garonne, et se jette dans la Garonne à une lieue de Moissac; le Tarn se grossit de l'Aveyron, qui prend sa source près de Séverac-le-Château dans le département de l'Aveyron, arrose ensuite le département de Tarn et Garonne, et se jette dans le Tarn entre Montauban et Moissac. Le Lot, alimenté de la Truyère et de la Celle, qui prend sa source dans le département de la Lozère, parcourt ceux de l'Aveyron, du Lot, et de Lot et Garonne, où elle se jette dans la Garonne au-dessous d'Agen. La Dordogne, qui prend naissance dans le Mont-d'Or, département de Puy-de-Dome, et que grossissent les eaux de la Cère, de la Vezère, grossie de la Corèze et de l'Isle. La Dordogne arrose les départemens du Lot, de la Dordogne et de la Gironde, où elle se réunit à la Garonne au Bec-d'Ambés : c'est alors que cette dernière prend le nom de Gironde.

La Garonne traverse le Languedoc et la Gascogne, devient navigable à Cazères, département de la Haute-Garonne, et débouche ses eaux dans l'Océan par une ouverture de quatre mille mètres.

Le Rhône prend sa source au Mont-Furca en Suisse, arrose une partie de cette contrée, traverse le lac de Genève, et pénètre sur le territoire français à quelques lieues à l'est de Saint-Dizier : c'est un des plus grands fleuves de l'Europe; ses principaux affluens sont sur sa rive droite. L'Ain, qui prend sa source dans les montagnes du Jura; il arrose le département de l'Ain, et se jette dans le Rhône à huit lieues au-dessus de Lyon. La Saône, qui prend sa source à Vioménil, département des Vosges, arrose les départemens de la Haute-Saône, de la Côte-d'Or, de Saône et Loire, et du Rhône, où elle se jette dans le Rhône un peu au-dessous de Lyon; la Saône est grossie du Doubs, qui prend naissance au pied du Mont-Rixon, dans le département du Doubs, parcourt ce département, ainsi que ceux du Jura, et de Saône et Loire, et va se jeter dans la Saône à Verdun. L'Ardèche, qui prend sa source dans les Cevennes, département de l'Ardèche, et sans sortir de ce département, se jette dans le Rhône près du pont Saint-Esprit. Le Gard, qui se forme de la réunion de trois ruisseaux, qui prennent leur source dans les Cevennes, département de la Lozère, coule dans le département du Gard, et se jette dans le Rhône à une lieue au-dessus de Beaucaire. Sur sa gauche, le Rhône reçoit l'Isère, qui prend sa source au pied du Mont-Isercau en Piémont, coule dans le département de l'Isère, et se jette dans le Rhône, dans le département de la Drôme à deux lieues au-dessus de Valence. La Drôme, qui prend sa source dans les Alpes, sur les confins des Hautes-Alpes, et, sans sortir du département de la Drôme, se jette dans le Rhône entre Valence et Montélimart. La Durance, qui prend naissance au pied du Mont-Genèvre, et se jette dans le Rhône au-dessus d'Avignon.

Le Rhône est navigable à partir de Seyssel sur les limites de la Savoie, et du département de l'Ain ; depuis Beaucaire, il perd graduellement sa rapidité ; il entre même avec lenteur dans la Méditerranée, en se divisant en quatre bras principaux, dont plusieurs bancs rendent le passage difficile.

L'Escaut et la Meuse prennent leur source en France, arrosent ce royaume, et n'y ont pas leur embouchure.

L'Escaut prend sa source dans le département de l'Aisne, près du Castelet ; il ne commence à être navigable qu'au-dessous de Condé, un peu avant de quitter la France, et n'acquiert de l'importance que sur le territoire belge. Il se divise en deux bras, et se jette dans la mer du Nord. La Lys, qui prend sa source au village de Lisbourg, département du Pas de Calais, et se jette dans l'Escaut à Gand Pays-Bas, est un de ses principaux affluens.

La Meuse prend sa source au village de la Meuse, dans le département de la Haute-Marne, commence à être navigable à Verdun, entre en Belgique, et se jette dans la mer du Nord, non loin de l'île de Walcheren.

Autres petits fleuves de la France :

La Somme prend sa source dans le département de l'Aisne, à Fontsomme, traverse celui de la Somme, n'est navigable que depuis Amiens jusqu'à Saint-Valéry, où elle se jette dans la Manche.

L'Orne prend sa source près de Séez, département de l'Orne, coule dans le département du Calvados, devient navigable à Caen, et se jette dans la manche à quatre lieues au-dessous de cette ville.

La Vilaine prend naissance auprès de Juvigné, se grossit, à droite, de l'Ile, qui prend sa source au nord du département d'Ile et Vilaine ; la Vilaine arrose ce département, et se jette dans l'Océan au-dessous de la Roche-Bernard dans le département du Morbihan : ce fleuve devient navigable par le moyen d'écluses au village de Cessan.

La Sèvre-Niortaise prend sa source au-dessus de Sevret, se grossit de la Vendée, qui prend sa source près de la Chapelle-au-Lys ; la Sèvre-Niortaise se jette dans l'Océan à la baie d'Aiguillon.

La Charente prend naissance près du village de Cheronnac, sur les limites du département de la Haute-Vienne, coule dans le département de la Charente, entre dans celui de la Vienne pour rentrer dans celui de la Charente, devient navigable à Montignac à quelques lieues d'Angoulème, traverse le département de la Charente inférieure, et se jette dans l'Océan vis-à-vis l'île d'Oléron.

L'Adour sort des pentes du Pic du Midi, se précipite un peu au-dessus de Bagnères, en une cascade de cent pieds d'élévation ; il parcourt les départemens des Hautes-Pyrénées, du Gers et des Landes ; il ne commence à être navigable qu'à Saint-Sever, et se jette dans l'Océan au-dessous de Bayonne.

L'Aude prend sa source à l'étang d'Aude, département des Pyrénées-Orientales, à une lieue du Mont-Louis, arrose le département de l'Aude, et débouche, après un court flottable, dans la Méditerranée près de l'étang de Vendres.

L'Hérault prend sa source dans les Cevennes, au pied des montagnes de l'Aigoual et de Lesperon, traverse le département de l'Hérault, devient navigable à Bessan, et se jette dans la Méditerranée au port d'Agde.

Le Var prend sa source dans les montagnes du Piémont ; il arrose le département du Var, et se jette dans la Méditerranée, près de Nice.

Les principaux fleuves des autres parties de l'Europe, sont :

Dans les îles Britanniques, la Tamise, qui se forme des deux rivières de Tames et d'Isis, arrose Oxford, Réading, Londres, et se jette dans la mer du nord. La Sévern, qui prend sa source dans les montagnes du pays de Galles, arrose Montgomméry, Shrewsbury, Worcester, Glocester, et se jette dans l'Ocean atlantique par le canal de Bristol. La Schannon, qui sort du lac Loug-Cléan, traverse plusieurs autres lacs, passe à Limerick, et se jette dans l'Océan à l'ouest de l'Irlande.

En Espagne et en Portugal, le Minho, qui prend sa source dans les monts Cantabres au nord de la Galice, arrose cette province, sépare l'Espagne du Portugal, et se jette dans l'Ocean. Le Douro, qui prend sa source aux monts Ibériens dans la Vieille-Castille, arrose cette province et le royaume de Léon, sert de limite entre ce royaume et la province de Tra-os-Montes, sépare cette province et celle d'Entre-Douro et Minho, de celle de Beira, et se jette dans l'Océan. Le Tage, qui prend sa source aux monts Ibériens dans la Nouvelle-Castille, arrose cette province et l'Estramadure en Espagne, sépare le Beira de l'Alentejo, traverse l'Estramadure en Portugal, et se jette dans l'Océan au-dessous de Lisbonne. La Guadiana, qui prend sa source aux monts Ibériens dans la Nouvelle-Castille, arrose cette province et l'Estramadure espagnole, passe en Portugal, où elle arrose l'Alentéjo, sépare les Algarves de l'Andalousie, et se jette dans l'Océan. A douze lieues environ de sa source, la Guadiana disparaît, et après avoir parcouru à peu-près trois lieues sous terre, elle sort par deux ouvertures appelées les yeux de la Guadiana. Le Guadalquivir, qui prend sa source aux monts Ibériens en Andalousie, arrose cette province, et se jette dans l'Océan. L'Ebre, qui prend sa source aux monts Cantabres dans le royaume de Léon, arrose une petite partie de cette province et de la Vieille-Castille, sépare cette dernière des provinces basques et de la Navarre, traverse l'Aragon, arrose le sud de la Catalogne, et se jette dans le Méditerranée. Les fleuves secondaires sont: le Mondégo, qui est compris tout entier dans la province de Beira; le Sadao, qui arrose l'Alentéjo et l'Estramadure, se jettent dans l'Océan atlantique; la Ségura, qui arrose la province de Murcie; le Jucar, qui coule dans la Nouvelle-Castille et dans le royaume de Valence, et qui se jettent dans la Méditerranée, sont les quatre fleuves qui seuls méritent d'être mentionnés.

Dans la Belgique et la Hollande, le Rhin, qui prend sa source au Mont-Saint-Gothard en Suisse, traverse le lac de Constance, sépare la Suisse et la France du grand-duché de Bade, arrose les États de Hesse-Darmstadt et de Nassau, les duchés du Bas-

Rhin et de Clèves-Berg, et les Pays-Bas ; il se divise en quatre bras, qui sont : le Waha et le Leck, qui se joignent à la Meuse ; l'Yssel, qui passe à Deventer, à Zwol, et enfin le Rhin, qui se jette dans la mer du Nord : il est succesivement alimenté par l'Aar, le Necker, le Mein et la Moselle. La Meuse et l'Escaut, déjà décrits, arrosent encore ces deux Etats.

Dans la Suisse, le Rhône et le Rhin, déjà décrits, sont les seuls fleuves qui l'arrosent.

En Italie, le Pô, qui prend sa source au mont Viso dans les Alpes, arrose le royaume de Sardaigne, sépare le royaume Lombard-Vénitien des duchés de Parme, de Modène et des Etats de l'Eglise, reçoit le Tésin, et se jette dans la mer Adriatique. L'Adige, qui prend sa source dans les Alpes du Tyrol, arrose cette province et le royaume Lombard-Venitien, et se jette dans la mer Adriatique. Le Tibre, qui prend sa source dans les Appennins en Toscane, arrose les Etats de l'Eglise, et se jette dans la Méditerranée. L'Arno, qui prend sa source dans les Apennins en Toscane, arrose ce duché, et se jette dans la Méditerranée.

Dans la Prusse, le Niémen, qui prend sa source en Russie, sépare cet empire de la Pologne, traverse la Prusse orientale, et se jette dans la Baltique. La Vistule, qui prend sa source aux monts Karpaths dans la Gallicie, traverse le royaume de Pologne et la Prusse occidentale, reçoit le Bug, et se jette dans la mer Baltique par plusieurs branches. L'Oder prend sa source aux monts Karpaths sur les frontières de la Moravie, traverse la Silésie, le Brandebourg et la Poméranie, reçoit la Warthe, et se jette dans la mer Baltique.

En Autriche, la Vistule, l'Adige, le Pô, déjà décrits, et l'Elbe, le Dniester et le Danube, dont nous donnerons les cours à l'article des royaumes où ils ont leur embouchure.

Dans le Danemarck, l'Eyder, qui sort d'un étang du duché de Holstein, sépare le royaume de Danemarck de l'Allemagne, et se jette dans la mer du Nord.

Dans la Suède et la Norwège, la Tornéa, qui prend sa source dans la Laponie, sépare la Suède de la Russie, et se jette dans le mer Baltique. Le Glommen, qui sort d'un lac dans le gouvernement de Drontheim, forme plusieurs cataractes, et débouche ses eaux dans la mer du Nord.

En allemagne, l'Elbe, qui prend sa source en Bohème, aux

monts Riesen, arrose cet Etat, le royaume de Saxe, la Prusse, sépare la Hanovre du Mecklenbourg et du Danemarck, et se jette dans la mer du Nord. Le Wéser, qui se forme des deux rivières de Verra et de Fulde ; il traverse la Westphalie, le Hanovre et le grand duché d'Oldenbourg, et se jette dans la mer du Nord.

Dans la Turquie, le Danube, qui prend sa source dans le grand-duché de Bade, arrose le Wurtemberg, la Bavière, l'empire d'Autriche et la Turquie, qu'il sépare de l'empire de Russie ; il se jette dans la mer Noire par plusieurs bouches. Les fleuves moins considérables, sont : le Drin-Noir, qui arrose l'Albanie, et se jette dans l'Adriatique, et la Maritza, qui se jette dans l'archipel.

Dans la Russie, la Dwina, qui se forme du concours des rivières de Sukona et de Vitchegda, et se jette dans la mer Blanche. La Néva, qui sort du lac Ladoga, et se jette dans la mer Baltique. La Duna, qui prend sa source dans le gouvernement de Twer, et se jette dans la mer Baltique. Le Dniester, qui prend sa source aux monts Karpaths, et se jette dans la mer Noire. Le Dniéper, qu'on appelait autrefois Borysthène ; il prend sa source dans le gouvernement de Smolensk, et se jette dans la mer Noire. Le Don, qui prend sa source dans le gouvernement de Toula, et se jette dans la mer d'Azov. Le Volga, le plus grand fleuve de l'Europe, qui sort du lac Selinguer dans le gouvernement de Twer, et se jette dans la mer Caspienne par un grand nombre de bouches. L'Oural, qui prend sa source aux montagnes du même nom dans le gouvernement d'Orenbourg, et se jette dans la mer Caspienne.

Dans la Pologne, les principaux fleuves qui l'arrosent, sont : la Vistule et le Niémen, que nous avons déjà décrits.

Canaux. — Les rivières donnent au commerce de l'Europe de grands avantages ; mais maintenant que les industrieux habitans de cette partie du monde rapprochent ses moyens de transport, en construisant des canaux, l'art qui constitue le mouvement et la vie des sociétés policées, cet art heureux de l'échange des travaux et des propriétés, le commerce, en un mot, en a retiré et en retirera d'heureux résultats à mesure que ces rivières factices se multiplieront.

En France l'on compte neuf canaux principaux ; ce sont : le

canal de Saint-Quentin , qui joint l'Escaut et la Somme ; le canal de Picardie ou de Crosat, qui joint la Somme et l'Oise ; les canaux d'Orléans, de Briare et de Loing , qui joignent la Seine et la Loire ; le canal de Bourgogne , qui joint l'Yonne, la Saône et le Doubs ; le canal de Monsieur , qui fait communiquer le Rhin et la Saône par le Doubs ; le canal de Digoin ou du centre , qui joint la Saône et la Loire ; enfin, le canal du Languedoc ou du Midi , qui joint la Garonne à la Méditerranée : ainsi cette mer communique avec l'Océan.

Dans les îles Britanniques , les principaux canaux sont, en Angleterre : le canal de Bridgewater, qui réunit la mer d'Irlande à la Severn , et qui communique à la Tamise par le grand canal de jonction ; le canal d'Oxford, qui unit la Sévern à la Tamise. En Ecosse , le canal de Glascow, qui joint le Forth à la Clyde , et le canal Calédonien , qui joint le golfe de Murray à l'Océan atlantique. En Irlande , le canal Royal , qui part de Dublin , et qui joint la mer d'Irlande à la Schannon. Les autres royaumes de l'Europe possèdent presque tous quelques canaux. C'est à la topographie de notre ouvrage que nous donnerons les noms de tous ceux qui existent en Europe.

Lacs. En France , les seuls lacs qui méritent d'être nommés, sont : le lac de Grand-Lieu dans le département de la Loire-Inférieure , et l'étang de Carcan dans le département de la Gironde.

Dans les îles Britanniques, l'Angleterre ne renferme pas de lacs considérables ; l'Ecosse et l'Irlande en renferment plusieurs , qui sont : en Ecosse, les lacs Ness et le lac Lomond , et en Irlande, ceux de Néagh , Erne, Conn, Mask, Corrib , Rée et Derg.

Dans l'Espagne, le seul lac remarquable est celui d'Albuféra, au sud de Valence.

En Suisse , l'on rencontre plusieurs lacs remarquables ; ce sont : ceux de Genève , de Neuchâtel , de Lucerne et de Zurich. Le lac de Constance sépare ce royaume de l'Allemagne.

En Italie, les lacs majeurs de Côme , de Garda, de Pérouse , de Bolséna et de Celano , sont les principaux.

En Prusse , les amas d'eau sont fort nombreux ; ceux de Maner et de Spirding, d'Augersbourg , de Rein et de Draussen , forment les plus grands lacs.

En Autriche, les lacs Neusiédel et de Balaton , sont fort remarquables.

Dans la Suède et la Norwège, l'on doit citer parmi les lacs de ces Etats, ceux de Wéner, Wéter et Mélar en Suède, et le Miésen, ainsi que le Famund en Norwège.

Dans la Turquie d'Europe, après le lac de Zante, il reste encore à nommer ceux de Scutari et de Topolias.

La Russie possède plusieurs lacs assez étendus; ce sont : ceux de Saïma, Ladoga, Onéga, Blanc ou Bielo, Ilmen et Peipous.

Golfes. Les principaux sont : le golfe de Bothnie , de Finlande, de Riga et de Livonie dans la mer Baltique; le Zuidersée dans la mer du Nord, le golfe de Gascogne dans l'Océan atlantique, les golfes de Lyon , de Gênes, de Tarente et de Lépante dans la Méditerranée, et le golfe de Salonique dans l'archipel.

Détroits. Les principaux détroits sont : le Vaigatz au nord de la Russie le Skager-Rack, le Cattégat. le Sund, le Grand-Belt et le Petit-Belt entre la mer Baltique et la mer du Nord; le Pas-de-Calais entre la France et l'Angleterre ; le canal du Nord et le canal de Saint-Georges entre la mer d'Irlande et l'Océan atlantique. Le détroit de Gibraltar entre l'Espagne et l'Afrique , et qui joint l'Océan à la mer Méditerranée ; le détroit de Bonifacio entre l'île de Corse et la Sardaigne ; le détroit de Sicile ou le phare de Messine entre le royaume de Naples et la Sicile ; le canal d'Otrante entre la mer Ionienne et la mer Adriatique ; le détroit de Gallipoli ou des Dardanelles, qui joint l'archipel à la mer de Marmara ; le détroit de Constantinople et le détroit de Caffa, qui réunissent, le premier, la mer de Marmara à la mer Noire, et le second ; la mer Noire à celle d'Azof.

DE L'HOMME PHYSIQUE.

La terre dominait au-dessus des mers, les nuages envoyaient leur douce rosée, les ruisseaux serpentaient dans la plaine, les forêts revêtaient les flancs de la montagne, les fleurs émaillaient la colline ; dans les airs et au fond de l'Océan, et sur toute la surface du globe, les animaux divers se livraient aux mouvemens de leur intelligence imparfaite : mais aucun être ne concevait la majestueuse harmonie de ce vaste univers qui venait de naître ; aucune pensée, libre et immortelle, ne planait au-dessus de toute cette poussière animée ; aucun œil ne s'élevait, humide de larmes pieuses, vers la source éternelle de la vie. Le Créateur du monde voulut qu'il existât des êtres capables de comprendre son divin ouvrage, et l'homme naquit.

L'organisation physique de l'homme, en lui rendant communes ces lois de génération, d'accroissement et de destructions auxquelles toute la nature vivante est soumise, porte cependant dans toutes ses parties et dans son ensemble, un caractère si particulier, si extraordinaire, si sublime, qu'il est impossible de supposer aucune parenté, proche ou éloignée, entre les brutes qui ne font que vivre sur la terre, et celui qui est né pour y commander. Cette allure droite et élevée, qui annonce le courage et la dignité ; ces mains, fidèles exécutrices de notre volonté, ouvrières adroites des travaux les plus surprenans ou les plus utiles ; ces yeux détournés de la vile poussière, et dont le regard pensif embrasse l'immensité des cieux ; ces organes qui nous permettent d'exprimer la pensée par des sons articulés, variés et nuancés à l'infini ; ce mélange admirable de force et de souplesse dans tous nos membres ; en un mot, l'harmonie et la perfectibilité de tous nos sens, nous assignent le premier rang parmi tous les êtres vivans, et nous assurent l'empire de la terre.

L'homme n'a d'abord présenté dans sa postérité aucune différence notable. Tous les individus composant les premières peuplades se ressemblaient sous tous les rapports. Avec le temps, l'influence du climat, de la civilisation, de la nourriture et des maladies, a fait naître, soit dans la couleur, soit dans la forme, des différences sensibles qui pourtant n'ont rien d'originel, et l'homme n'en forme pas moins, d'après Blumenbach, une seule espèce divisée en cinq variétés.

La première occupe les parties centrales de l'ancien continent ; c'est la race blanche, dont les caractères sont : la couleur de la peau plus ou moins blanche ou brune, les joues teintes d'incarnat, les cheveux longs, bruns ou blonds, la tête presque sphérique, la face ovale, étroite, les traits médiocrement prononcés : la régularité des traits de ce visage, qui est celui des peuples d'Europe, le fait en général regarder comme le plus beau et le plus agréable.

La deuxième est celle qu'on avait d'abord désignée sous le nom de Tartare, quoique les Tartares proprement dits n'y appartiennent point ; nous l'appellerons variété ou race orientale de l'ancien continent. Elle se compose de tous les Asiatiques au-delà du Gange : elle a le teint jaune, les cheveux noirs et roides, la tête quadrangulaire, la face large, les joues saillantes, le nez petit et camus, tous les autres traits peu marqués et comme fondus ensemble.

La variété américaine, au teint cuivré, occupe toute l'Amérique, et se rapproche, à plusieurs égards, de celle que nous venons de décrire.

La variété malaie comprend les insulaires de la mer Pacifique, les habitans des îles Marianes, Philippines, Moluques, de la Sonde, et les indigènes de la péninsule de Malaca ; la plupart des habitans de la Nouvelle-Hollande, et ceux de la Nouvelle-Zélande, peut-être même quelques-unes des nations de Madagascar : mais qu'il est difficile de rien statuer sur des peuples aussi imparfaitement connus, et qui paraissent renfermer des tribus d'origine diverse ! L'immortel Quiros, qui le premier découvrit les îles de la Société, distingua soigneusement la disparité qui existe entre leurs habitans ; il dit que les uns ressemblent aux blancs, les autres aux mulâtres, et enfin aux Nègres. (Ce fait a été appuyé par Bougainville, voyageur plus moderne.) En voici les caractères encore très-incertains : couleur basanée, cheveux noirs, mous, épais, abondans et frisés ; la tête légèrement rétrécie, le front un peu bombé, le nez gros, large, épaté, la mâchoire supérieure un peu avancée ; les traits vus de profil paraissent marqués et distincts.

La cinquième grande division du genre humain, ou la variété nègre, ne présente rien de douteux. Ses caractères sont : la couleur noire ; les cheveux noirs et crépus ; la tête étroite, comprimée sur les côtés ; le front très-convexe, voûté ; les os de la pommette saillans en avant ; les yeux à fleur de tête ; le nez gros, et se confondant presque avec la mâchoire supérieure ; les dents incisives supérieures placées obliquement ; les lèvres, particulièrement la supérieure, gonflées ; le menton retiré ; les jambes en général cambrées : ce qui avait été remarqué par Aristote, et paraissait, d'après Pallas, s'appliquer aux nations Mongoles.

Cette variété, répandue dans toute l'Afrique occidentale et méridionale, se retrouve aussi sur les côtes de Madagascar, probablement sur celles de nord-ouest, de la Nouvelle-Hollande, dans les grandes îles de Van-Diémen, de la Calédonie et de la Nouvelle-Guinée ; on croit même qu'elle occupait anciennement les îles Philippines, Bornéo, Java et Sumatra. Les Haraforas qui habitent encore l'intérieur de quelques-unes de ces îles, sont nègres ; les indigènes des îles Andaman le sont également. Ainsi toutes les régions de la zone torride, à l'exception de l'Amérique, ont produit des peuples nègres, preuve manifeste de l'influence des climats sur les variétés de l'espèce. Mais quand nous observons les différences entre un véritable Nègre à teint de jayet, à chevelure laineuse, crépue ; un Caffre à teint jaune cuivré, à cheveux laineux, longs ; un Diéménois, un nouveau Calédonien, un Papous à couleur de suie, à cheveux frisés, nous restons incertains si ces trois races, séparées d'ailleurs par des mers et des montagnes, sont chacune originaire de son domicile actuel, ou si elles descendent d'une souche commune. Les Hottentots forment encore une exception remarquable ; la forme de leur crâne est celle de la race malaie, mais leur chevelure laineuse les rapproche des Nègres.

Telles sont les principales variétés de l'espèce humaine répandue sur toute la surface du globe. Les anciens s'étaient à tort imaginés que la zone torride, embrasée par les feux du soleil, ne permettait pas aux habitans des deux zones tempérées de communiquer ensemble. Ces préjugés, qui rétrécissaient l'univers, ont disparu devant les lumières que les Colomb, les Gama, les Cook nous ont procurées. Les navigateurs ont trouvé des habitans dans les climats les plus brûlans et dans le voisinage des pôles , sur les côtes les moins abordables, et dans ces îles qu'un immense océan semblait séparer du reste du monde. Il est peu de pays d'une étendue remarquable qui se soit trouvé absolument sans habitans.

La terre entière est donc la patrie de l'homme ; il supporte tous les climats , et ses habitations s'étendent jusqu'aux derniers confins de la nature animée. Le corps humain supporte, sur les bords du Sénégal , un degré de chaleur qui fait bouillir l'esprit-de-vin ; dans le nord-est de l'Asie , il résiste à un froid qui rend le mercure solide et malléable. Les expériences de Fordice , de Boerhave et de Tillet , prouvent que l'homme est plus capable que la plupart des animaux, de supporter un très-grand degré de chaleur. On peut croire que notre corps résisterait également à un froid extrême, pourvu qu'il eût les mouvemens libres ; ainsi l'homme ferait voile sous les pôles , aussi-bien que sous l'équateur , s'il n'y était pas arrêté par les glaces.

DE L'HOMME POLITIQUE,

OU PRINCIPES DE GÉOGRAPHIE POLITIQUE.

CETTE branche de notre science considère la terre d'après ses divisions politiques, et dans ses rapports avec les diverses sociétés civiles qui s'y sont établies. Il est évident que cette partie de la géographie a, comme les autres, ses principes généraux, dont l'ensemble forme une théorie, et dont la connaissance est indispensable ; mais ceux de ces principes qui, fondés dans la nature de notre être, ne varient pas au gré des caprices humains, sont en petit nombre ; les autres rapports changent, sinon d'un royaume à un autre, du moins d'une partie du monde à l'autre, ce qui nous engage à nous borner ici à une application rapide de la géographie politique européenne, réservant aux autres parties du monde un traité convenable dans leurs introductions.

LANGAGE.

Le langage articulé, noble héritage de la nature humaine, est le premier lien social qui manifeste et qui perpétue l'union civile des hommes. Peu d'animaux, même parmi les oiseaux et les quadrupèdes, ont un langage articulé, ou à sons distincts et constans ; ces langages d'ailleurs ne s'élèvent guère qu'à dix ou douze inflexions de la voix. Aucun animal n'a un langage raisonné, c'est-à-dire, dont les divers sons expriment constamment et distinctement des idées générales. Cette faculté d'exprimer la pensée par des mots, assure seule l'exercice continuel de notre mémoire ; et sans la mémoire, que serait le jugement ? L'homme n'est un être raisonnable qu'au moyen de la parole. C'est la parole qui rend communes à toute l'espèce, les observations, les sensations et les découvertes de l'individu ; de là naissent les sciences, les arts, la civilisation et la perfectibilité indéfinie du genre humain. Le langage, considéré comme faculté morale et physique, paraît donc inné à l'homme ; mais le choix des sons, leurs modifications, leurs combinaisons, ont dû dépendre de la libre volonté des hommes ; la logique naturelle y a sans doute influé, mais aussi les passions, mais aussi le goût, la délicatesse des organes, la nature du climat, la situation de la société.

Les langues primitives, composées de peu de mots, simples comme les mœurs et les idées de ceux qui les parlaient, ont naturellement dû se perdre en se confondant avec les idiomes plus parfaits qui en étaient sortis, comme les nations primitives se sont perdues en donnant naissance aux nations connues de l'histoire. Ainsi, le germe disparaît quand la plante élève dans les airs sa tête fleurie ; ainsi, les premières racines tombent en poussière , tandis que l'arbre étend au loin ses branches verdoyantes.

Mais si la recherche de la langue primitive paraît aujourd'hui abandonnée de tous les vrais savans, ils ne désespèrent pas de fixer le nombre de langues-mères, c'est-à-dire, de celles qui, dans les mots principaux dont elles se composent, dans les inflexions grammaticales qu'elles admettent, et dans la syntaxe qu'elles suivent, nous offrent un caractère indépendant de toute autre langue. Ces langues-mères même , en présentant quelque traits d'une ressemblance éloignée, en rappelant obscurément la possibilité d'une origine commune, forment entre elles des familles , sans qu'aucune d'elles puisse prétendre à une prééminence d'antiquité.

En effet, à quel caractère reconnaîtrons-nous la haute antiquité d'une langue ? doit-elle être composée principalement de voyelles, comme l'otaïtien, le zend, le basque ou ibérien, l'algonquin , le caraïbe, l'esquimaux ? Mais ces langues, toutes en voyelles, ne se ressemblent d'ailleurs sur aucun point. La langue la plus ancienne sera-t-elle monosyllabique, comme M. Adelung voudrait nous le faire croire ? Mais le chinois, le thibetain, le tonquinois et le siamois, qui seraient dans cette supposition les langues primitives, ne présentent pour les sons aucune ressemblance avec les idiomes des Celtes ou des Nègres. Si nous voulons examiner les langues sous le rapport de leurs formes grammaticales et de leur syntaxe, nous en trouvons d'un côté, dans lesquelles les rapports des genres, des personnes, des modes d'action et des temps, sont exprimés par les combinaisons les plus ingénieuses, les plus délicates et les plus profondes, comme dans le sanscrit, l'hébreu et le grec ; de l'autre côté, nous en verrons où tous ces rapports, quoique toujours nécessaires à la pensée, ne sont rendus que par des alliances de mots vagues, obscures, puériles et arbitraires, comme dans le chinois, le celte, les idiomes des Nègres et ceux de la Nouvelle-Hollande. On dirait que ces dernières langues doivent être les plus anciennes, comme étant plus près de la nature, dans l'acception vulgaire de ce mot ; cependant l'histoire nous prouve évidemment que les Hébreux, les Indiens et les Grecs, existaient au moins aussi anciennement que les Nègres, les Celtes et les Chinois.

Il est donc indifférent par où l'on commence à compter les anneaux d'une chaîne qui se perd dans la nuit des siècles, ainsi bornons actuellement notre tâche par la définition des langues européennes.

Les langues européennes se divisent en deux grandes classes, celles qui se ressemblent entre elles, et celles qui ne présentent guère ses traits de ressemblance. Dans la première classe ont distingue le grec, et en partie le latin, l'esclavon avec ses branches, les langues germanique et scandinave ; dans la seconde, se trouvent le finnois, (que Tacite désignait sous le nom de Fenni, et Strabon sous celui de Zoumi, Suome, et leur nom dans leur propre langue), le celte et le basque. Cette différence radicale indique-t-elle deux invasions différentes de peuples asiatiques? N'indique-t-elle que deux époques de civilisation ? C'est ce que nous n'entreprendrons pas de discuter.

Dix familles distinctes de peuples existent encore en Europe ; mais ce sont en partie les plus anciennes qui ont conservé le moins de force numérique, comme dans une forêt les vieux chênes dépérissent, tandis que leurs rejetons plus jeunes étalent au loin de nombreux rameaux. On pourrait même un jour réduire ces dix familles à cinq ou six.

L'idiomologie de notre partie du monde ne nous en montre même que quatre principales.

La romance-celtique, au sud et à l'ouest, et qui a donné lieu aux langues française, portugaise, espagnole et italienne.

La teutonique, qui est la langue naturelle de l'Allemagne, au centre, au nord et au nord-ouest, et d'où sont venues celles que l'on parle dans les Pays-Bas, dans la plus grande partie de l'Autriche, de la Suisse, de la Prusse, en Angleterre, en Danemarck et en Suède.

La slavonne, à l'est, et qui a produit celles de Russie, de Pologne, de la Hongrie, et de la plus grande partie de la Turquie d'Europe.

Et la grecque, qui, après avoir été parlée dans la plupart des rivages de la Méditerranée, n'existe plus que dans quelques provinces de la Turquie, principalement dans les îles de l'archipel et dans le Péloponèse ; on l'emploie aussi dans les cérémonies de l'église grecque, comme la latine dans celle de l'église romaine. La langue grecque moderne est une fille de l'ancienne, dont les traits, quoique altérés par le malheur et l'esclavage, charment encore jusqu'à ses barbares oppresseurs.

Les six autres langues ne sont que secondaires aux yeux de l'arithmétique politique, quelque intéressantes qu'elles soient pour les historiens ; car ces langues, jointes à la grecque, ne sont parlées en Europe que par vingt-cinq à vingt-sept millions, tandis que les trois grandes familles se partagent une population européenne de cent soixante-quinze millions.

Avant de terminer notre résumé sur les langues, nous devons jeter un coup d'œil sur la langue française, parlée aujourd'hui dans toutes les cours. Dans le siècle dernier, les Tartares et les Russes conclurent et signèrent un traité de paix, d'abord dans leurs langues maternelles, pour l'instruction respectives des deux nations, et en français, pour le notifier à toute l'Europe.

La langue française ne commença à prendre quelque forme que vers le 10.ᵉ siècle. Elle naquit des ruines du latin, et de l'ancien celte ou gaulois, mêlés de quelques mots tudesques. Ce langage était d'abord le *romanum rusticum*, le romain rustique ; et la langue tudesque fut celle de la cour jusqu'au temps de Charles-le-Chauve.

A la fin du 10.ᵉ siècle le français se forma ; on écrivait en français au commencement du 11.ᵉ siècle ; mais ce français tenait encore plus du romain rustique que du français d'aujourd'hui. Au 12.ᵉ siècle la langue s'enrichit du grec : depuis Charles VIII elle tira beaucoup de secours de l'italien, déjà perfectionné ; mais elle n'avait pas une consistance régulière. François I.ᵉʳ abolit l'usage de plaider, de juger, de contracter en latin ; on fut alors obligé de cultiver le français ; mais la langue n'était ni noble, ni régulière : la syntaxe était abandonnée au caprice.

Le génie de la conversation étant tourné à la plaisanterie, la langue devint très-féconde en expressions burlesques et naïves, et très-stérile en termes nobles et harmonieux ; de là vient que Marot ne réussit jamais dans le style sérieux, et qu'Amyot ne put rendre qu'avec naïveté l'élégance de Plutarque. Le français acquit de la vigueur sous la plume de Montaigne ; mais il n'eut point encore d'élévation et d'harmonie. Ronsard gâta la langue en transportant dans la poésie française les composés grecs dont se servaient les philosophes et les médecins. Malherbe répara un peu les torts de Ronsard. La langue devint plus noble et plus harmonieuse par l'établissement de l'académie française, et acquit enfin dans le siècle de Louis XIV, la perfection où elle pouvait être portée dans tous les genres.

Le génie du français est la clarté et l'ordre. N'ayant point de déclinaisons, et étant toujours asservi aux articles, il ne peut adopter les inversions grecques et latines ; il oblige les mots à s'arranger dans l'ordre naturel des idées. Ses verbes auxiliaires, ses pronoms, ses articles, et enfin sa marche uniforme, nuisent peut-être au grand enthousiasme de la poésie : il a moins de ressources, en ce genre, que l'italien et l'anglais ; mais cette gêne et cet esclavage même le rendent plus propre à la tragédie et à la comédie qu'aucune langue de l'Europe. L'ordre naturel dans lequel on est obligé d'exprimer ses pensées et de construire des phrases, répand, dans cette langue, une douceur et une facilité qui plaît à tous les peuples ; et le génie de la nation, se mêlant au génie de la langue, a produit plus de livres agréablement écrits, qu'on n'en voit chez aucun autre peuple.

RELIGIONS.

Les religions sont les diverses manières dont les hommes manifestent leur reconnaissance envers les forces invisibles qui régissent la nature et les destinées ; les actes extérieurs dont chacune se compose s'appelle culte ; on peut diviser les religions en deux classes, le Polythéisme et le Monothéisme.

Le Polythéisme consiste à reconnaître plusieurs dieux. On en connaît plusieurs classes. Le Fétichisme (la plus grossière de toutes) est l'adoration des Fétiches. Par Fétiche, on entend toute sorte de choses animées ou inanimées que les prêtres de ces religions font regarder aux sauvages comme des êtres enchantés ou doués de quelque force magique et divine. Ces superstitions, les plus absurdes de toutes, règnent chez presque tous les peuples sauvages. Elles se sont mêlées à toutes les croyances religieuses. Débrosses, dans son parallèle de l'ancienne religion d'Egypte, n'est pas très-éloigné de placer au rang de fétiches le bœuf Apis et le chien Anubis. La pierre noire adorée à la Mecque avant Mahomet, et le dieu Phallus des Romains, l'étaient indubitablement.

Le Sabéisme tient un rang plus élevé; c'est l'adoration des corps célestes. Ce système très-ancien et autrefois fort répandu, n'existe plus sans mélange que chez quelques tribus isolées.

Le Panthéisme ou Matérialisme croit que tout ce qui existe est pénétré d'un esprit divin.

Le Dualisme admet deux êtres éternels, Dieu et la matière, le bon et le mauvais principe.

Les Emanistes, suivant leur système, supposent que tous les êtres, les bons et les mauvais génies, sont émanés d'un Dieu suprême.

Le Polythéisme mythologique, formé du Panthéisme, modifié par les lois nationales, et confondu avec le Sabéisme, comprend toutes les religions dans lesquelles les attributs de l'Etre suprême sont personnifiés sous la figure des êtres divins séparés. Ces religions ne sont donc rien moins que barbares ou indignes de la raison humaine; elles sont les plus favorables à la poésie et aux beaux-arts; elles ont fleuri chez les peuples les plus civilisés de l'antiquité; néanmoins elles sont de plusieurs classes, que l'on peut réduire à trois. La plus grossière est la religion des Egyptiens, dans laquelle les attributs de la divinité étaient figurés sous la forme des animaux; on la nomme communément Zoomorphisme. Dans la religion des Grecs et des Romains, la nature humaine, mais embellie, servit de type aux diverses personnifications de la divinité : c'était donc un Antropomorphisme; elle variait à l'infini. L'adoration des héros nationaux modifia le Polythéisme des Grecs et des Romains. La vénération des morts, en général, née d'un sentiment naturel, se mêla à toutes les religions; mais dans quelques-unes elle paraît avoir joué le premier rôle : c'était le cas parmi les Celtes, qu'on range d'ailleurs parmi les Polythéistes.

Dans la religion des Bramins, l'Etre suprême lui-même est censé se déguiser sous diverses formes divines, humaines et animales : on sent qu'il serait possible de regarder cette croyance comme la source de toutes les autres, même du Fétichisme; mais on soutiendrait avec un avantage égal, que le Braminisme n'est qu'un Fétichisme ennobli. Deux de ses branches dominent sur le nord et l'est de l'Asie; l'une est le Schamanisme, dont le chef est le Dalaï Lama , prêtre qui , en quelque sorte, est censé ne jamais mourir : cette religion est mêlée de Fétichisme ; l'autre branche est le Buddisme , ou le système braminique , réformé par Budda , nommé aussi Somonocodom. La religion ancienne du Japon est une sorte de Schamanisme, à côté duquel est venue s'établir la religion de Fo , qui est celle de la multitude à la Chine , et qui n'est qu'une branche de celle de Budda , mais dégénérée : les prêtres sont nommés Bonzes.

Le système des deux principes , et celui des Emanistes , devaient naturellement se confondre , pour peu que les Dualistes accordassent de supériorité à l'un de leurs principes , ou pour peu que les Emanistes admissent la possibilité d'une révolte contre l'Etre suprême ; voilà pourquoi les religions dérivées de ces deux sources se distinguent avec peine les unes des autres ; elles appartiennent même toutes ensemble au Monothéisme , si l'on convient d'appliquer ce nom à toute religion qui n'admet qu'un seul véritable Dieu , quelle que soit la foule de génies, de fées , d'anges , de diables dont on l'environne.

On connaît trois anciens systèmes religieux , qui ont pour base un dualisme plus ou moins prononcé ; la première est la religion des mages ou de Zoroastre , désignée sous le nom de culte mithriaque. Il y a un Etre suprême , d'où sont émanés deux principes ; l'un bon Orosmane , l'autre mauvais Arimane ; ils se combattent : le bon remportera à la fin une victoire complète.

On connaît moins la religion ancienne des peuples esclavons : Biel-bog le dieu blanc, et Czerno-bog le dieu noir , paraissent y figurer comme deux puissances ennemies. Des monumens authentiques nous donnent une idée de l'odinisme qui régnait dans la Scandinavie ; Odin, le chef des bons dieux; Surtur, le destructeur du monde , le mal physique ; Loke , le mal moral, et tous les autres dieux sont sous la dépendance d'Alfader, ou le père universel.

A travers tant d'ingénieuses erreurs, la céleste vérité se frayait en silence une route long-temps ignorée. Une petite nation reconnut l'utilité absolue de la divinité pour base de sa religion ; le judaïsme , dont plusieurs idées et images ressemblent à celles des mages de la Perse ou des prêtres égyptiens , se divise aujourd'hui en deux sectes principales , savoir : celle des Karaïtes , qui ne reconnaissent pour divin que les livres du Vieux Testament, et celle des Rabbinistes, qui attribuent au recueil connu sous le nom de Talmud, une autorité presque divine.

Le christianisme, qui a pris origine dans le sein du judaïsme, et qui, mêlé ensuite avec la philosophie platonicienne, modifié par les progrès de l'esprit humain, s'est divisé dans une infinité de systèmes, étend aujourd'hui sa bienfaisante influence sur les contrées les plus civilisées, et dans toutes les parties du monde. Sénèque ne dirait pas avec raison aujourd'hui, qu'une grande majorité est souvent l'indice d'une mauvaise cause ; car le christianisme est la religion qui compte le plus grand nombre de sectateurs parmi celles actuellement existantes sur le globe.

La religion chrétienne est divisée en deux classes, qui sont : l'église grecque ou orientale qui se rapproche le plus du christianisme des 5.⁰ et 6.⁰ siècles ; parmi ces branches, on distingue les Nestoriens, les Monophysites, lesquels comprennent les Coptes, les Arméniens et les Jacobites ; l'église latine ou occidentale, qui s'est séparée en deux grands partis ; l'église catholique, apostolique et romaine, dont le pape est le chef spirituel, et l'église protestante, qui ne reconnaît point la suprématie du pape ; elle se divise en trois branches : le luthéranisme ou l'église évangélique, le calvinisme ou l'église réformée que les Anglais désignent sous le nom de Presbytérienne ; ils nomment puritains leurs sectateurs : on compte parmi les réformés, les indépendans ou congréganistes. L'église anglicane ou épiscopale ne se distingue des autres que parce qu'elle a maintenu la hiérarchie épiscopale.

Sans embrasser aucun système de l'intolérance, et sans vouloir insulter à des hommes souvent respectables, nous donnons ici le nom de secte à tout parti religieux qui n'est devenu, dans aucun endroit, assez nombreux pour dominer dans l'Etat. Les principales sectes chrétiennes sont : les Unitaires, Sociniens ou Antitrinitaires. Un grand nombre de Catholiques, de Luthériens et de Calvinistes, sont en secret attachés à ce système ; les Arméniens ou Remontrans, qui se sont rapprochés des Unitaires ; les Mennonites, d'abord connus sous le nom d'Anabaptistes ; les Baptistes, les Frères-Moraves ou Hernhutiens, les Quakers ou Trembleurs, les Shakers, les Tunkers, et autres associations semblables aux Quakers, les Swédenborgiens, et enfin les Méthodistes, qui se distinguent par une rigueur outrée en morale.

Le christianisme, outre tous les ennemis sortis de son propre sein, a vu s'élever à côté de lui un rival d'abord dangereux, et encore incommode, le Mahométisme ou l'Islam, c'est-à-dire, l'église orthodoxe, mélange de judaïsme et de christianisme, avec quelques ornemens poétiques. On y distingue, comme parmi les chrétiens, plusieurs partis : les Sunnites, bien que partagés sur la discipline en quatre partis, s'accordent à mettre le livre des traditions ou la Sunna, au nombre de leurs écritures saintes, et à regarder Omar et ses successeurs comme des califes légitimes. Le nom de Schiites veut dire séparatistes; les Sunnites le donnent à tous ceux qui se sont séparés d'eux. Le parti le plus considérable des Schiites, sont les sectateurs d'Ali, qui rejettent la Sunna.

Celles de ces religions suivies en Europe, sont : la religion chrétienne, qui, dans ses diverses formes, est répandue sur les neuf dixièmes de la France, en Italie, en Espagne, en Portugal : elle est suivie encore par les quatre cinquièmes de l'Irlande, par toute la Belgique la moitié de l'Allemagne et de la Suisse, et les trois quarts de la Hongrie et de l'ancienne Pologne. Cette grande église compte même quelques membres en Angleterre, en Hollande et en Turquie, et peut se glorifier de régner sur 98 à 99 millions d'Européens. L'église protestante est répandue dans le nord; le luthéranisme, l'une de ses branches, domine dans les Deux-Saxes, le Wurtemberg, la Hesse et autres provinces d'Allemagne; dans toute la Scandinavie, dans les provinces baltiques de la Russie et dans la Prusse; le calvinisme est répandu en Suisse, en Allemagne occidentale, en Hollande et en Écosse; le système anglican règne dans l'Angleterre; on trouve aussi des protestans en France, en Hongrie, en Transylvanie et dans les valais du Piémont; leur nombre total s'élève à 43 ou 44 millions. L'église grecque règne sur les Grecs, sur une partie des Albanais et des Bulgarves, sur les Serviens, les Esclavons, les Raitzes (en Hongrie), les Valaques, les Moldaves, et sur la puissante nation des Russes. L'église grecque compte en Europe environ 50 millions de membres. Outre ces trois grandes divisions de l'Europe chrétienne, il est quelques petites associations religieuses séparées de la masse, telles que les Sociniens en Transylvanie, les Quakers en Angleterre, les Anabaptistes en Hollande, les Arméniens en Turquie.

L'Europe non chrétienne comprend les Mahométans au nombre de 4 à 5 millions, parmi lesquels les Turcs, les Tartares, les Bosniaques, sont les principaux peuples; les idolâtres, qui ne forment pas une population d'un demi-million ; on ne les trouve guère que vers les extrémités voisines de l'Asie ; enfin les juifs, répandus partout, excepté en Norwège et en Espagne, mais nombreux seulement en Turquie, en Allemagne, en Hollande, en Alsace, et dont le total peut aller à 3 millions au plus.

SOCIÉTÉ, ÉTAT ET GOUVERNEMENT.

Les langues et les croyances religieuses sont les liens de la société morale, qui souvent survit à la chute de la société civile et politique ; mais c'est celle-ci qui détermine la circonscription des États et des Empires, que la Géographie politique est chargée de décrire.

IDÉE GÉNÉRALE DES FORMES VARIÉES DE CETTE SOCIÉTÉ.

Les liens qui unissent le mari à l'épouse et les parens aux enfans, formèrent la famille ou la société domestique. Les rapports du maître au domestique prirent déjà origine dans cet état de la société. Le faible ne pouvant se procurer un patrimoine, ni s'y maintenir, a dû de bonne heure se décider à réclamer la protection du plus fort. Plusieurs familles se trouvant voisines, durent, après quelques disputes, s'accorder à rester en paix ensemble. Certaines règles s'établirent entre elles : ce n'étaient point encore des lois, mais c'étaient des coutumes. La réunion de ces familles ne formait point un État, mais seulement une société civile.

Ces petites sociétés durent bientôt s'apercevoir que leurs coutumes et observances avaient besoin d'être fixées, de prendre le caractère de lois. Des hommes d'un génie supérieur devenaient les législateurs ignorés de ces hameaux ou villages. Dès que les rapports de ces hommes entre eux furent fixés par des lois, la société politique exista.

Mais c'était une société sans gouvernement, et l'on tomba bientôt dans les maux de l'anarchie. Cette expérience apprit aux hommes qu'il fallait une force physique pour maintenir la force purement morale des lois ; ils établirent un gouvernement sous une forme quelconque. La convention qui fixe les lois primitives de la société civile, s'appelle pacte social ; celle qui fixe l'exislence de la forme d'un gouvernement, et les rapports qui en découlent, s'appelle constitution. Par cette dernière convention, la société civile se constitue en Etat, ou, si l'on veut, en République : car ce dernier mot tiré du latin, signifie originairement toute société civile ayant un gouvernement et des lois sans égard à la forme.

Un gouvernement est l'unité de forces physiques, établi par la volonté de la société civile, pour maintenir les lois et la constitution. La force du gouvernement, régularisée par les lois constitutives, s'appelle le suprême pouvoir. La manière dont le suprême pouvoir est organisé, subdivisé, concentré, s'appelle forme de gouvernement.

On distingue diverses formes de gouvernemens, savoir : la démocratie, lorsque le pouvoir est immédiatement exercé par la nation elle-même ;

L'aristocratie, lorsque les magistrats sont pris, non parmi tous les citoyens indistinctement, mais parmi une certaine classe qui gouverne et se renouvelle sans le concours du peuple ;

La monarchie, lorsque le pouvoir est exercé par un seul. La monarchie est héréditaire, si le monarque est pris de droit dans une même famille, et le plus souvent par ordre de primogéniture ; élective, s'il peut être élu indistinctement dans plusieurs familles. Selon les formes de la monarchie, elle est tempérée, quand l'autorité du monarque est balancée par des corps intermédiaires entre lui et le peuple, ou bien quand les intérêts de tous sont fixés par une constitution ou charte, et discutés par des chambres ou assemblées législatives. La monarchie est absolue, quand la volonté du monarque est la loi suprême, ou au moins n'est pas balancée par des institutions. Plusieurs auteurs confondent mal à propos le mot despotisme, tantôt avec celui de tyrannie, tantôt avec celui de monarchie absolue. Le terme de tyran, qui signifiait originairement chef ou monarque, et que Virgile a employé deux ou trois fois dans ce sens honorable, a été dans la suite restreint à dénoter celui qui, dans une république, usurperait le pouvoir monarchique absolu : c'est le sens ordinaire du mot chez les auteurs grecs et romains. Chez les modernes, on l'a réservé pour les actes violens et cruels de l'autorité dans tous les genres de gouvernement. Le despotisme est un pouvoir absolu qui n'a point d'origine légale, et qui, par conséquent, ne reconnaît point de bornes. Le despote se prétend maître de son pays, comme un particulier l'est de sa terre, de son bétail.

Le fédéralisme consiste dans la réunion de plusieurs Etats indépendans, sous une autorité supérieure choisie par eux.

La classification des Etats européens se réduit aujourd'hui à deux principes dominans : le premier, c'est l'autorité d'un monarque absolu, mais gouvernant d'après des lois fixes, avec un système d'impôts peu variable ; le second, c'est l'autorité d'un monarque, limitée par des assemblées représentatives, principalement quant à la levée des impôts et à la législation. Le premier principe domine dans l'est et le sud de l'Europe ; le second, dans l'ouest et le nord. Là, nous voyons les monarchies absolues (du moins en partie) de Russie, d'Autriche, de Prusse, de Naples et d'Espagne ; ici se présentent les monarchies constitutionnelles de France, des Pays-Bas, de la Grande-Bretagne avec l'Irlande, de la Suède et de la Norwège. Dans la partie centrale, les deux classes se mêlent : la Sardaigne, l'Etat de l'Eglise, la Toscane, la Hesse électorale et le Danemarck, sont des monarchies absolues paternelles ; la Bavière, le Wurtemberg, le Bade, le Hanovre, la Saxe, sont des Etats constitutionnels, avec diverses formes. Il faut encore observer que le royaume de Hongrie et celui de Pologne devraient être gouvernés constitutionnellement. Il est aussi juste de dire que les traités publics et la parole des souverains assurent des représentations nationales, ou des Etats à toutes les parties de la confédération germanique. Les exceptions de cette tendance générale de l'Europe vers la monarchie tempérée, sont en bien petit nombre. L'empire ottoman est le seul Etat despotique ; la fédération de la Suisse est de l'autre côté le seul Etat républicain indépendant.

ORIGINE DES CLASSES SOCIALES.

La Géographie politique considère dans les sociétés humaines, outre le lien général ou la forme du gouvernement, les liens particuliers qui attachent les individus à la société, et qui résultent de la position assignée à ces individus, ou de la division en classes.

Dans l'état le plus sauvage, l'homme isolé se procure immédiatement le peu qui lui est nécessaire, ou qui tente ses désirs. Dès que les familles commencent à se rapprocher, elles se réunissent pour des travaux communs ; mais lorsque le nombre des familles augmente, la société plus forte se partage les travaux ; les différens produits de chaque travail sont dès-lors échangés réciproquement. Ces échanges n'étant pas sans incommodité, on réfléchit sur les moyens de les abréger et faciliter. On choisit pour mesure de comparaison entre les valeurs ou quelque article généralement recherché, comme le blé, le bétail, ou quelque matière réputée précieuse, telle que l'or et l'argent. Ce signe devient monnaie, les productions deviennent marchandises ; au lieu de les troquer, on les achète.

Maintenant quelques esprits observateurs s'aperçoivent qu'on peut gagner sur l'achat et la vente ; ils se font entremetteurs entre les acheteurs et les débiteurs : voilà le commerce qui prend son premier essor. Bientôt les fonctions d'administrer ou de défendre l'État deviennent trop compliquées pour pouvoir être remplies gratuitement : on salarie les fonctionnaires ; en même temps chaque pouce de terrain a reçu son maître ; toutes les propriétés ont été fixées ; elles ont passées d'une main dans l'autre ; le hasard a favorisé l'un, l'adresse a servi l'autre ; ceux qui ont été malheureux ou maladroits, se trouvent donc dans l'impossibilité de rien produire par eux-mêmes ; ils louent leur force ou leur adresse à d'autres. Voilà le cercle parcouru tout entier ; nous indiquerons maintenant les diverses classes qui en résultent.

La classe productive comprend tous ceux qui tirent de la terre des productions utiles à la société : cultivateurs, pêcheurs, chasseurs, vignerons, mineurs et autres. Il y a des peuples composés en totalité d'une ou plusieurs classes productives ; tels sont les peuples pasteurs ou nomades, les peuples pêcheurs ou ichtyophages. Dans les Etats civilisés, il existe une classe productive toute particulière. Le savant qui agrandit l'empire des idées, et l'homme de lettres qui ennoblit les sentimens et les mœurs, ne produisent-ils pas de véritables richesses nationales, des richesses d'un prix inestimable et d'une durée éternelle ? Les membres de cette classe gouverneraient le monde, s'ils n'étaient pas divisés ; mais trois grands intérêts paralysent cette république. Parmi les Allemands, l'esprit de secte ; parmi les Anglais, l'esprit de parti, et chez les Français, l'amour-propre.

La classe industrielle renferme ceux qui, en perfectionnant ou combinant des produits bruts, en composent des produits artificiels. Quand ces travaux demandent éminemment de l'esprit et du goût, ils méritent le nom de beaux-arts ; quand ils exigent principalement une habileté corporelle, ils s'appellent arts mécaniques. Une manufacture est un établissement où un art est exercé en grand. Le nom de fabrique semble surtout désigner un de ces établissemens où l'on emploie de grands instrumens et des moyens violens.

. La classe commerciale se compose des commerçans proprement dits, qui vendent et achètent, en gros et en détail, les produits de la nature et de l'art ; des divers genres de commissionnaires qui facilitent l'exécution des achats et des ventes ; des banquiers et agens de change, qui bornent leurs opérations aux signes représentatifs des marchandises ; enfin, des navigateurs et voituriers, en tant que ceux-ci, propriétaires de leur moyen de transport, ne rentrent pas dans la classe des mercenaires.

Nous réunissons dans une seule classe les fonctionnaires et employés publics, avec la force armée de terre et de mer. Ne sont-ils pas, les uns comme les autres, investis d'une partie plus ou moins grande de la force sociale? ne sont-ils pas les agens du suprême pouvoir ?

. La dernière classe comprend les mercenaires de toute espèce qui louent leur travail à d'autres particuliers, ou principalement à la société ; elle se compose des journaliers et des domestiques : cette dernière classe est surtout nombreuse dans les Etats où règne un grand luxe.

La proportion numérique dans laquelle ces classes se trouvent dans un Etat, est une des questions les plus intéressantes de la statistique ; c'est d'après cette proportion qu'on donne à telle nation le nom de peuple agricole, à telle autre celui de peuple commerçant.

FORCES DE L'ÉTAT.

C'est un objet très-grave que de connaître les forces matérielles des Etats. C'est le but particulier d'une vaste science, nommée arithmétique politique ; mais les résultats de cette science doivent figurer dans les descriptions de la géographie politique.

Le premier élément est la valeur du territoire et de ses productions. Ici, les divers objets des trois règnes de la nature sont classés d'après leur utilité dans la vie, et leur valeur comme marchandise. Les gouvernemens eux-mêmes ne connaissent que par approximation la valeur de ce que produisent l'agriculture, la pêche, la chasse et les mines, et quelle est la proportion exacte de ce que leur nation vend à d'autres, et de ce qu'elle achète; souvent les gouvernemens ne publient pas même les renseignemens imparfaits qu'ils possèdent à cet égard.

Au second rang, parmi les élémens de la force publique, on doit placer l'industrie commerciale et manufacturière : c'est elle qui accumula sur le rocher de Tyr, sur les arides coteaux de l'Attique, sur les plages sablonneuses d'Alexandrie, les trésors du monde ancien ; c'est elle qui, dans les temps modernes, fit la grandeur de Venise et de la Hollande.

Enfin la population d'un Etat est le troisième élément de sa force.

DEGRÉS DE CIVILISATION.

Relativement à leur manière de vivre, on peut diviser les nations en trois classes, savoir : les sauvages, les barbares ou demi civilisés, et les peuples civilisés.

Les sauvages sont ceux qui ne connaissent point l'art d'écrire ; leur industrie se borne ordinairement à un peu de jardinage, à la chasse et à la pêche.

Les barbares ou demi civilisés comprennent tout peuple qui, par l'écriture, par des lois écrites, par une religion extérieure et cérémoniale, par un système militaire plus stable, s'est éloigné de l'état sauvage. Mais les connaissances qu'un tel peuple possède ne sont encore qu'un amas irrégulier d'observations incohérentes ; ses arts sont exercés par routine ; sa politique se borne à la défense momentanée de ses frontières, ou à des invasions sans plans. En général, il ne fait que des progrès lents et incertains, parce que, même en marchant vers la civilisation, il n'a encore aucune idée de ce sublime but de l'existence du genre humain.

Un peuple civilisé est celui qui a rangé ses connaissances en forme de sciences, qui ennoblit ses arts mécaniques jusqu'à en faire de beaux arts, qui, pour l'expression de ses sentimens, a créé les belles-lettres. Un peuple qui a un système fixe de législation, de politique et de guerre, calculée non-seulement pour le moment, mais pour les siècles à venir; un peuple chez qui la religion, dégagée des superstitions, n'a que la morale pour but; un peuple enfin qui se soumet aux droits de la nature et des gens, en se regardant, en temps de paix, comme l'ami de toute autre nation, et respectant même, en temps de guerre, les propriétés des citoyens non armés.

Les habitations ordinaires d'un peuple, indiquent presque infailliblement le degré de civilisation auquel il est parvenu. On pourrait partager le genre humain en quatre classes, d'après les quatre genres d'habitation que voici : cavernes, cabanes, tentes et maisons.

Relativement à leur nourriture, les peuples portent diverses qualifications : on nomme frugivores, ceux qui ne vivent que de fruit ; carnivores, ceux qui se nourrissent de viande ; icthyophages, ceux qui ne mangent que des poissons, et anthropophages, ceux qui dévorent de la chair humaine. Il paraît démontré que cette dernière coutume n'appartient à aucune nation en particulier ; toutes les tribus sauvages s'y sont livrées, soit par l'effet d'une haine atroce contre des ennemis, soit par les inspirations d'une superstition féroce, soit enfin dans le cas de disette extrême. Non-seulement les relations modernes l'attestent à l'égard de tous les peuples d'Asie, d'Afrique, d'Amérique et d'Océanie ; mais on entrevoit par plusieurs passages d'Homère, d'Hérodote, de Pline et de Strabon, que cet usage était même répandu en Europe. Plusieurs peuples ont un goût particulier pour la chair du cheval. Les anciens et les modernes placent en Afrique les peuples acridophages ou mangeurs de sauterelles. La misère réduit même quelques tribus à dévorer de la terre glaise.

Influence de la navigation sur la civilisation humaine.

La navigation a surtout accéléré l'extension de l'espèce humaine et les progrès de la civilisation. Lorsque le génie et le courage eurent lancé le premier esquif sur la mer, tout l'état physique et moral changea chez la tribu que sa position mit à même de profiter de cette grande découverte. Un petit territoire, riche par ses pêcheries, se couvrit d'une nombreuse population. Des îles heureuses devinrent des asiles inaccessibles aux sauvages conquérans. Ces petits coins de terre, isolés par la nature même, firent naître les premières idées de patrie et d'indépendance nationale ; même l'intempérie de l'air maritime influa sur les progrès de la civilisation. Dans l'intérieur des terres, une tente ou une cabane de verdure mettait à l'abri de la pluie et des vents. Près de la mer, l'humidité de l'atmosphère nécessita des habitations mieux fermées. Les grandes villes naquirent sur le rivage d'un fleuve ou sur les bords de la mer.

Dans l'histoire du genre humain, les progrès de la navigation tiendront toujours la première place après ceux de l'agriculture. La civilisation que l'agriculture fait naître n'est que locale; elle s'arrête dès que les besoins de la nation sont assurés; alors les peuples cultivateurs, ordinairement partagés en maîtres indolens et esclaves malheureux, s'isolent du reste du monde; mais la navigation fait cesser ce repos ignoble et contraire aux destinées du genre humain. Un vaisseau réunit les parties du monde les plus éloignés; des cités, des nations entières se transplantent sous d'autres climats; au milieu des paisibles sauvages s'élève le tumulte de la civilisation; un mouvement universel saisit les peuples; l'homme, à son insu, est entraîné à la conquête du globe.

Le sort des grandes familles humaines a été décidé par la direction qu'elles ont prise dans leur émigration, par la nature des terres qu'elles occupèrent, mais surtout par la position des grandes mers du globe, et le parti que les hommes surent en tirer. L'éternelle enfance et l'engourdissement de certaines nations, n'est-elle pas due principalement à leur ignorance de l'art de la navigation? Les Européens seuls étaient appelés par la providence à étendre leur empire sur le globe. Les nations qui ont peuplé l'Europe ont eu à franchir le Caucase et les Alpes, le Pont-Euxin et la Baltique, l'Archipel, l'Adriatique et la Méditerranée. De si grands obstacles ralentirent d'abord leur marche, mais en même temps ils développèrent et fortifièrent ce grand caractère d'activité et d'audace commun aux peuples Européens. Bientôt les enfans de Chanaan, les Phéniciens, perdent l'empire de la mer; Athènes balance Tyr; une ville grecque domine l'Egypte vaincue; Carthage succombe sous Rome; l'Europe saisit le sceptre du monde. A cette époque toute la civilisation était rassemblée autour de la Méditerranée; c'était presque la seule mer sur laquelle on naviguât; c'était le grand chemin de tous les peuples policés.

Une seconde époque commence, et c'est encore aux progrès de la navigation que se lie la marche de la civilisation. Les Scandinaves y préludent par leurs courses audacieuses, qui s'étendirent jusqu'en Amérique. La boussole et Colomb paraissent. Un nouveau monde voit aborder nos vaisseaux; une nouvelle Europe s'élève, et croît dans ces magnifiques déserts. L'Océan atlantique est devenu la Méditerranée nouvelle, la grande route commune, qui rapproche entre eux les peuples civilisés, et qui tantôt retentit du bruit de leurs combats, tantôt leur apporte paisiblement les tributs du reste de l'univers.

Mais la marche de la civilisation est loin d'être terminée ; les merveilles de l'Europe peuvent encore être effacées, ou pour mieux dire, peuvent s'étendre et s'accroître dans de lointains climats. Les Européens s'arrêteront-ils aux bords de cet Océan atlantique, qui, tout immense qu'il parut aux Hercules phéniciens et grecs, n'est pourtant qu'un bras de mer, si on le compare à ce grand Océan du globe qui, sous les noms d'Indien, de Pacifique et d'Austral, s'étend d'un pôle à l'autre ? Déjà, montés sur des barques légères, les navigateurs Américains franchissent sans crainte tout cet hémisphère aquatique ; déjà des colonies européennes ont commencé à conquérir ces vastes terres, ces îles innombrables qui forment au sud-est de l'Asie une cinquième partie du monde, et la plus belle de toutes. Cette superbe Océanique offrira peut-être, avant quelques siècles, le spectacle de la plus vaste civilisation qu'il soit donné à l'homme d'espérer, et que les bornes du globe terrestre puissent admettre. Qu'un autre Cadmus y porte le flambeau des arts et des sciences qui éclaire l'Europe ! que des colonies, échappées à nos guerres civiles, fondent à Taïti ou à Pelew une nouvelle Grèce ! alors ces collines, qui ne produisent aujourd'hui que des aromates, se couvriront de villes et de palais ; dans ces baies] qu'ombrage une forêt de palmiers, on verra voguer une forêt de mâts ; l'or et le marbre seront tirés des flancs des montagnes encore vierges ; le corail et les perles seront recherchés au fond de la mer pour orner des capitoles nouveaux ; et un jour, peut-être, l'Europe, l'Asie, l'Afrique et l'Amérique, étonnées et jalouses, trouveront une rivalité dangereuse dans des contrées dont l'existence les occupe à peine aujourd'hui.

Ainsi, dans l'histoire du genre humain, le passé, le présent et l'avenir, se lient à la position des grandes mers du globe et aux progrès de la navigation.

FIN DE LA PREMIÈRE PARTIE.

TOULOUSE, IMPRIMERIE DE J.-M. CORNE, RUE PARCAMINIÈRES, N.o 84.

www.ingramcontent.com/pod-product-compliance
Ingram Content Group UK Ltd.
Pitfield, Milton Keynes, MK11 3LW, UK
UKHW022223120726
13694UKWH00002B/671